基础日语综合教程

Jichu Riyu Zonghe Jiaocheng

总主编 赵　平
主　编 赵　平　熊玉娟　杨红军

苏州大学出版社
Soochow University Press

图书在版编目(CIP)数据

基础日语综合教程. 第2册 / 赵平总主编；赵平，熊玉娟，杨红军主编. —苏州：苏州大学出版社，2020.4

ISBN 978-7-5672-3130-6

Ⅰ.①基… Ⅱ.①赵… ②熊… ③杨… Ⅲ.①日语课—高中—教材 Ⅳ.①G634.463

中国版本图书馆 CIP 数据核字(2020)第 049290 号

书　　名：	基础日语综合教程(第 2 册)
	Jichu Riyu Zonghe Jiaocheng (Di Er Ce)
总 主 编：	赵　平
主　　编：	赵　平　熊玉娟　杨红军
责任编辑：	金莉莉
装帧设计：	刘　俊
出版发行：	苏州大学出版社(Soochow University Press)
社　　址：	苏州市十梓街 1 号　邮编：215006
网　　址：	www.sudapress.com
邮　　箱：	sdcbs@suda.edu.cn
印　　装：	苏州工业园区美柯乐制版印务有限责任公司
邮购热线：	0512-67480030　销售热线：0512-67481020
网店地址：	https://szdxcbs.tmall.com/(天猫旗舰店)
开　　本：	787 mm×1 092 mm　1/16　印张：14.25　字数：288 千
版　　次：	2020 年 4 月第 1 版
印　　次：	2020 年 4 月第 1 次印刷
书　　号：	ISBN 978-7-5672-3130-6
定　　价：	55.00 元

凡购本社图书发现印装错误,请与本社联系调换。服务热线:0512-67481020

总 主 编 赵　平

主　　编 赵　平　　熊玉娟　　杨红军

编　　审 〔日〕森園良樹　　〔日〕榊原正樹　　〔日〕王世鐘
　　　　　　〔日〕土方恵美　　〔日〕浦田千晶　　〔日〕浜口一広
　　　　　　〔日〕山口颯子　　〔日〕織本夏子　　〔日〕近藤千文

副 主 编 张　勇　　程　姝　　姜　微　　杨　微　　黄　辉
　　　　　　胡海岗　　邹　迅

参　　编 〔日〕浦田千晶　　雷　婷　　吴春芬　　杨林丹
　　　　　　吴　梅　　杨柳英

插　　图 （中方）赵含嫣　李杨甘恬　赵　平　张鹤林　向　璐
　　　　　　（日方）浦田千晶　乙姫の花笠　めぐ　くりまん
　　　　　　　　　　そげ　りんりん　Taroboo　まよままん

录音协助 学校法人田中育英会东京工学院专门学校音响艺术科

录 音 师 〔日〕武田純　　〔日〕浜田春菜子

督　　导 〔日〕土方恵美

音响编辑合成 赵　妮　赵　平

录音演员人员一览表

日方

桑原一明	（劇団 NLT 俳優）
山本行平	（劇団 NLT 俳優）
早稲田真樹	（劇団 NLT 俳優）
山崎末花	（劇団 NLT 俳優）
萩原万里子	（劇団 NLT 俳優）
凪ともこ	（劇団 NLT 俳優）
三井千寿	（劇団 NLT 俳優）
樋ノ口美優	（劇団 NLT 俳優）
宮本亜美	（劇団 NLT 俳優）
古賀勝行	（俳優・声優）
森畑結美子	（俳優・声優）
堂崎茂男	（俳優・声優）
土方恵美	（東京工学院専門学校演劇科・教官）
梅田雪那	（東京工学院専門学校響芸術科・声優）
松野下さくら	（東京工学院専門学校響芸術科・声優）
長内瑞希	（東京工学院専門学校響芸術科・声優）
數納康生	（東京工学院専門学校響芸術科・声優）
鈴木剛	（東京工学院専門学校響芸術科・声優）
前田大来	（東京工学院専門学校響芸術科・声優）
浦田千晶	（江蘇海洋大学元日本人教師）
笠原侑哉	（中帰日語教育教師）
笠原美里	（中帰日語教育教師）

中方

赵翛羽　赵含嫣　熊玉娟

一、教材总体介绍

《基础日语综合教程》1—4 册是为了适应广大日语学习者和教学者的需求而编写的一套可适用于高中或大学初级日语学习和教学的教材。本套教材紧密结合我国师生日语教学和学习的实际情况,根据笔者长年编写教材的经验,笔者参照新国标的各项具体要求,学习了国内外同类教科书的长处,用崭新的日语教学理念,对课文内容的编写、单词的选择、语法的解说、练习的设计等方面,都进行了一番思考与编排。

教材面向日语零基础的学习者,按照语法体系和语言表达功能,由浅入深设置语法项目和内容。学完全套教材,可以达到 JLPT(日本语能力测试)N3、J. TEST(实用日语测试)C 级或 STBJ(标准商务日语考试)BJ3 标准的水平。

全套教材目前共 4 册,每册包括学生学习用书和教师辅导用书(电子版),同时配有教学课件、mp3 录音等。每学期使用一册。每册设计课时为 120—140 学时,教师可根据学生接受情况灵活删减教学内容,安排复习时间和调整课堂教学活动。

二、教材的主要特点

1. "实用性"和"人文性"相融合的日语教学理念

"实用性"体现在教给学习者完善的语法体系和充足的鲜活词汇,学习者可以利用日语这一媒介进行跨文化沟通,准确地理解和传递社会科学和自然科学的种种知识。"人文性"则体现为利用日语这个载体,帮助学习者在学习的过程

中潜移默化地理解、吸收、传承优秀的人类文明成果，提高学习者包括人文素质在内的综合素质。

2. 分级模块教学的设计思路

本册教材对课文的生词进行了4个层次分类。

第1层次：必背词汇，以✈号标示；

第2层次：优先词汇，以🐌号标示；

第3层次：普通词汇，没有标示；

第4层次：可省词汇，用×号标示。

在每课练习后，追加了补充词汇（「補充語彙」）。该词汇不分层次，但因也包含了大量高考日语词汇，教学时应酌情加以讲解。

每课前面的学习重点（「要点」）勾勒出该课的内容要点和要求掌握的基本语法。除了发音学习的阶段以外，本教材根据学习者的能力和时间，将每课分为以下几个板块。第一个板块为"核心句型会话（「核心文型会話」）"，为课文的重中之重，采用A和B对话的形式，包含了"课文（「本文」）"和"基础会话（「基礎会話」）"中出现的语法和句型，同时要求学习者对此做重点训练；第二个板块为"课文（「本文」）""基础会话（「基礎会話」）""交流用语（「交流用語」）""数字的读法（「数字の読み方」）""综合解说（「総合解説」）"，课文内容精悍、实用、幽默，解说简明易懂；第三个板块为"练习（「練習」）"，以灵活多样的形式帮助学习者掌握所学的知识点。

3. 通俗易懂，图文并茂，寓教于乐

本套教材"核心句型会话"在突出口语特征的同时，穿插进本课需要牢记的全部语法点。句子或富于幽默或蕴含哲理，牢记于心，既可减轻学生的语法记忆负荷，也有利于实际运用中的遣词造句。主课文与会话结合紧密，并把外语学习的各种小技巧穿插在课文当中。教材不专设词汇解说或语法解说栏目，而将语法、词汇、文化知识甚至练习等有机地结合，放入"综合解说"栏目中。综合解说采用链接课文的形式，学生很容易从课文中找出相应的解释；解说分出条理，突出重点，力争不留死角。

尤其值得一提的是，本套教材录音均由日本资深演员领衔录制。录制参与人员众多，老、中、幼角色鲜明，语音语调中包含了丰富的临场"表情"，有别于循规蹈矩的"朗诵"。通过绘声绘色的音声表演形式，对课文内容进行了进一步的展示，有利于学习者从听觉上去接受课文所传递的知识点。

4. 注重课程、教材、语言技能考核的统一

本套教材基本按照 JLPT（日本语能力测试）N3、J.TEST（实用日语测试）C 级、STBJ（标准商务日语考试）BJ3、高考日语真题等选择单词和句型。在兼顾以上能力考试的同时，本教材也注重对学习者实践能力的培养。

三、教材结构及说明

本册教材共有 8 课，分为 2 个单元，单元小结分别设在第 4 课后和第 8 课后，将本单元中各课的综合解说进行归类整理。各课基本由以下几下板块组成：

学习重点——提示各课要学习的主要句型和语法。

核心句型会话——通过导入学习内容，学习者初步了解主要句型和语法的使用方法。

课文——通过完整的语篇内容学习，学习者掌握新单词、语法、句型的使用方法和相应的日语表达方式。

基础会话——通过真实语言环境下的会话，学习者加深对该课词汇、语法、句型的理解，训练自身的综合表达能力。

生词——列出词汇的读音或日文常用汉字、音调、词性、词义。标注有星号（*）的为非必须记忆却在跨文化交际中常见的重要词汇，供学有余力的学习者记忆。这类词汇虽然在练习中偶有出现，但暂不建议任课教师在考试中采用，以减轻大多数学习者的压力。

综合解说——讲解课文、会话中出现的语法、句型、惯用型等。

练习——通过各种形式的练习，学习者记忆和巩固所学词汇、句型、语法。

本套教材为 2018 年国家社会科学基金教育学一般课题——建设教育强国的日本经验与中国路径研究（课题批准号：BDA180029）的阶段性成果。

本套教材是一个团队通力合作的成果，浸透了团队中每一位成员挥洒的汗水。除了本套教材的参与者以外，还需感谢帮助审读书稿和做配套PPT课件、相关练习题的年轻教师。

希望这个起跳平台，能助有志者飞向理想的广阔天地。

为了配合课堂教学，本套教材配有课件，教师可从苏州大学出版社网站"下载中心"下载。

总主编：赵平

银川能源学院　执行校长

银川科技职业学校　校长

思ひつつ寝ればや人の見えつらむ
夢と知りせば覚めざらましを

词性分类说明

1. 词性用日语文字表示。
2. 一个词兼有两种以上词性时，中间用"·"隔开。

（名）	名詞→名词
（固）	固有名詞→固有名词
（代）	代名詞→代名词
（イ形）	イ形容詞→イ形容词
（ナ形）	ナ形容詞→ナ形容词
（ナ形タルト）	タル・ト活用な形容詞→「たる」或「と」活用ナ形容词
（感）	感動詞→感叹词
（副）	副詞→副词
（格助）	格助詞→格助词
（終助）	終助詞→终助词
（接助）	接続助詞→接续助词
（副助）	副助詞→副助词（提示助词）
（連体）	連体詞→连体词
（接）	接続詞→接续词
（接頭）	接頭語→接头词
（接尾）	接尾語→接尾词
（助動）	助動詞→助动词

续表

(五)	五段活用→五段活用	
(一)	一段活用→一段活用	
(サ)	サ行変格活用→サ变活用	
(カ)	カ行変格活用→カ变活用	
(自)	自動詞→自动词	
(他)	他動詞→他动词	
(補動)	補助動詞→补助动词	
(略)	略語→缩略语	
(造)	造語→复合（词）成分，造词	
(和製)	和製語→日制词汇	
(慣)	連語、慣用句（慣用語、慣用表現）→连语、惯用句（惯用语、惯用表达）	
(諺)	諺→谚语	
(文)	文語→文语	
(イ)	イタリア語→意大利语	
(オ)	オランダ語→荷兰语	
(ス)	スペイン語→西班牙语	
(朝)	朝鮮語→朝鲜语	
(ド)	ドイツ語→德语	
(ポ)	ポルトガル語→葡萄牙语	
(フ)	フランス語→法语	
(フィン)	フィンランド語→芬兰语	
(ラ)	ラテン語→拉丁语	
(ロ)	ロシア語→俄语	

各类日本语教育语法用语与本套教材语法用语对照简表

各类日本语教育语法用语	本套教材语法用语
形容詞 イ形容詞	イ形容詞
形容動詞 ダ形容詞 ナ形容詞 ナニ名詞	ナ形容詞
動詞連用形（マス形、テ形、タ形）	動詞連用形（マス形、テ形）

目次

第1課 　**和洋折衷**　　　　　　　　　　　　　　　　　　　　P1
　　　　　要点
　　　　　核心句型会话
　　　　　课文
　　　　　基础会话
　　　　　交流用语
　　　　　综合解说
　　　　　数字的读法
　　　　　练习

第2課 　**ダイエットの話、写真の話**　　　　　　　　　　　　P25
　　　　　要点
　　　　　核心句型会话
　　　　　课文
　　　　　基础会话
　　　　　交流用语
　　　　　综合解说
　　　　　数字的读法
　　　　　练习

第3課 　**日本語の勉強法**　　　　　　　　　　　　　　　　　P49
　　　　　要点
　　　　　核心句型会话
　　　　　课文
　　　　　基础会话
　　　　　交流用语
　　　　　综合解说
　　　　　数字的读法

　　　　　　　　　练习

第 4 课　　**勘違い**　　　　　　　　　　　　　　　　P69

　　　　　　　　　要点
　　　　　　　　　核心句型会话
　　　　　　　　　课文
　　　　　　　　　基础会话
　　　　　　　　　交流用语
　　　　　　　　　综合解说
　　　　　　　　　数字的读法
　　　　　　　　　练习
　　　　　　　　　单元小结

第 5 课　　**数々の助数詞**　　　　　　　　　　　　　P93

　　　　　　　　　要点
　　　　　　　　　核心句型会话
　　　　　　　　　课文
　　　　　　　　　基础会话
　　　　　　　　　综合解说
　　　　　　　　　练习

第 6 课　　**初耳の助数詞**　　　　　　　　　　　　　P113

　　　　　　　　　要点
　　　　　　　　　核心句型会话
　　　　　　　　　课文
　　　　　　　　　基础会话
　　　　　　　　　综合解说
　　　　　　　　　练习

第 7 课　　**面白い会話**　　　　　　　　　　　　　　P133

　　　　　　　　　要点
　　　　　　　　　核心句型会话
　　　　　　　　　课文
　　　　　　　　　基础会话

综合解说
练习

第8課 **ネタ** P151

要点
核心句型会话
课文
基础会话
综合解说
练习
单元小结

生词索引 P173

补充词汇索引 P199

第1課

和洋折衷

　　本课有两段对话。第一段对话是小学老师和小学生的对话。我们可以设想这位小学老师要求小学生在课堂上使用敬体（习惯上，小学生不太用敬体）的情景。日本一般把小学生称为「児童、学童」，把中学生称为「生徒」（也有称为「学生」的），把大学生称为「学生」。小学生对发音的错误理解是本段对话的幽默所在；第二段对话是关于辞典的对话。小张对「中」字望文生义，没有确认就稀里糊涂地买了一本并不需要的辞典回来。

要点

1. 文节的概念及区分。
2. 助词「へ」、「に」、「から」、「でも」。
3. 句型"疑问词＋「も」＋否定表达"、「～を～に行きます/来ます」、「～ましょうか」、「～ましょう」、「～に(は) ～があります/～は～に(は) あります」、「～から～へ/に」、「～が欲しい」。
4. 疑问短句。

核心句型会话
（核心文型会話）

❶ A：君、どこへ行きますか。
　　B：寮に帰ります。この辞書を本棚に戻します。

❷ A：何もありませんけど、今から酒を飲みに、一緒に私達の寮へ行きましょう。
　　B：寮に何があるか当てましょうか。北京ダックがたぶん二袋もあるでしょう。でも、昨日も酒を飲みましたから、今日は遠慮します。

❸ A：明日から国慶節ですから、また、南の駅から故郷へ帰りますか。
　　B：いや、今回は帰りません。学校にいます。

❹ A：少し休みましょう。ジュースは要りますか。
　　B：いいえ。ジュースは要りませんけど、時間が欲しいです。

新出単語

和洋【わよう】	⓪①	（名）	日本和西洋；日本风和西洋风
折衷【せっちゅう】	⓪	（名・他サ）	折中；使……折中，平衡
寮【りょう】	①	（名）	宿舍
辞書【じしょ】	①	（名）	辞典
本棚【ほんだな】	①	（名）	书架
戻す【もどす】	②	（他五）	放回；归还；使……倒退
今【いま】	①	（名・副）	现在；立刻；刚才
酒【さけ】	⓪	（名）	酒；喝酒
飲む【のむ】	①	（他五）	喝
一緒【いっしょ】	⓪	（名）	一起，一同；一样
達【たち】		（接尾）	们，等等
当てる【あてる】	③⓪	（他一）	猜，推测
北京ダック【ペキンduck】	④	（名）	北京烤鸭
袋【ふくろ・ぶくろ】	⓪	（接尾・名）	袋；口袋
遠慮【えんりょ】	①⓪	（他サ・名）	谢绝，婉辞；客气
国慶節【こっけいせつ】	③	（名）	国庆节
駅【えき】	①	（名）	车站
故郷【ふるさと・こきょう】	②/①	（名）	老家，故乡
帰る【かえる】	①	（自五）	回来，回去
今回【こんかい】	①	（名）	这次，这回
少し【すこし】	②	（副）	一点，有点
ジュース【juice】	①	（名）	果汁饮料；（水果或蔬菜的）汁
要る【いる】	②⓪	（自五）	需要
時間【じかん】	⓪	（名）	时间
欲しい【ほしい】	②	（イ形）	想要；希望得到（通常用「～が欲しいです」的形式，表示说话人或疑问句时听话人想要某种东西的主观愿望）

3つの会話

皆さん、これから3つの会話を聞きましょう。その1つは、和洋折衷の話です。そこで聞きますが、和洋折衷は何ですか。

それからは、特別課外授業の話です。児童達は、公園に菊の花を見に行きました。さて、「菊祭り」は、どんな祭りですか。

さらに、もう1つは、辞書の話です。張さんは、辞書を買いに行きました。さて、彼は、どんな辞書を買いましたか。

新出単語

会話【かいわ】	⓪	（名・自サ）	对话，会话
皆さん【みなさん】	②	（名・代）	各位，大家
これから	⓪④	（副・名）	接下来，接着
聞く【きく】	⓪	（他五）	听；问
特別【とくべつ】	⓪	（副・ナ形）	特别
課外【かがい】	⓪①	（名）	课外
授業【じゅぎょう】	①	（名・自サ）	课，上课，授课
話【はなし】	③	（名）	关于……的内容；话语
児童【じどう】	①	（名）	小学生，学童
見る【みる】	①	（他一）	看，瞧；观察
公園【こうえん】	⓪	（名）	公园

第1課　和洋折衷

续表

さて	①	（接・感）	通常用于转换话题，与「ところで」可以互换
菊祭り【きくまつり】	③	（名）	菊展
祭り【まつり】	⓪	（名）	节日，仪式；祭典
買う【かう】	⓪	（他五）	买

基礎会話（きそかいわ）

ユニット1　和洋折衷（わようせっちゅう）

登場人物（とうじょうじんぶつ）：先輩（せんぱい）（男性（だんせい））　後輩（こうはい）（女性（じょせい））

先輩：まず、バターをフライパンに入れます。

後輩：はい、入れました。

先輩：それから、ゆっくり溶かします。

後輩：はい、溶かしました。

先輩：それから、納豆を入れます。

後輩：えっ？納豆ですか？

先輩：そうですよ。可笑しいですか？

後輩：いいえ、いいえ、その…ちょっとユニークですね。

先輩：ええ。そして、昆布を入れて、最後に牛乳をワンカップ入れます。

後輩：へぇー。和洋折衷の感じですね！

先輩：はぁ？全く中華の感じがありませんよ、これには。

後輩：…すみません。（モノローグ）先輩、ワヨウセッチュウのチュウは中華ではありませんよ。

新出単語

まず	①	（副）→	首先；第一
バター【butter】	①	（名）	黄油
フライパン【frypan】	⓪	（名）	长柄平锅，煎锅
入れる【いれる】	⓪	（他一）→	放入，放进去，通常用「～を～に入れる」的形式，表示"将……放入……中"
後輩【こうはい】	⓪	（名）	后辈（一般指师弟、师妹等）
ゆっくり	③	（副・自サ）→	慢慢（地）；自在（地），舒畅（地）
溶かす【とかす】	②	（他五）→	溶化，使……溶化
納豆【なっとう】	③	（名）	纳豆
可笑しい【おかしい】	③	（イ形）→	奇怪的；可笑的；有趣的
ユニーク【unique】	②	（ナ形）	奇特的，独特的，新颖的
昆布【こんぶ】	①	（名）	海带
牛乳【ぎゅうにゅう】	⓪	（名）	牛奶
ワン【one】	①	（名）	一个；一
カップ【cup】	①	（名）	杯子
ワンカップ【one cup】	③	（造）	一个杯子
感じ【かんじ】	⓪	（名）	感觉
はぁ	⓪	（感）	感叹词（表示疑问、怀疑、吃惊等）
中華【ちゅうか】	①	（名）	中国，中华
モノローグ【monologue】	③	（名）	独白，旁白

ユニット2　キク祭り

登場人物：先生(女性)　児童達

先生：今日は特別課外授業です。今から一緒に公園に行きましょう。

児童達：わーい、わーい！行きましょう！行きましょう！

先生：公園に何があるか分かりますか。そこで、私達は何をしますか。

児童1：たぶん、お城があるでしょう。だから、私達はこれから、お城に登ります。

児童2：たぶん、林があるでしょう。だから、私達はこれから、蝉を取ります。

児童3：たぶん、グランドがあるでしょう。だから、私達はこれから、サッカーをします。

先生：いえ、いえ、そんなに大きな公園ではなくて、小さな、小さな公園ですよ。じゃ、もう一度。公園に何があるか分かりますか。

児童2：何もありません。

児童3：ブランコがあります。

児童1：花もあります。

先生：そう、そう。花がありますから、私達は花を見に行きましょう。今日は菊祭りです。

児童2：先生、キク祭りですか。何を聞きますか。

新出単語

キク祭り【菊まつり】	③	（名）	菊展（课文中为双关语，故写作片假名）
わーい	①	（感）	（「わい」的长音，表示感叹）呀
城【しろ】	⓪	（名）✈	城，城堡
だから	①	（接）✈	因此，所以
これから	④⓪	（副・名）✈	今后，从今以后

登る【のぼる】	③⓪	（自五）	登，攀登
林【はやし】	⓪③	（名）	林，树林
蝉【せみ】	⓪	（名）	蝉，知了
グランド【ground】	⓪	（名）	运动场
サッカー【soccer】	①	（名）	足球
そんなに	④⓪	（副）	那样，那么
小さな【ちいさな】	①	（連体）	小的
もう一度【もういちど】	⓪	（副）	再次
ブランコ【ポbalanco】	①②	（名）	秋千

ユニット3　辞書

登場人物：森畑（女性）　張（男性）

森畑：今からどこへ行きますか。

張：辞書が欲しいから、買いに行きます。

森畑：『日中大辞典』は引き出しにあるでしょう。

張：ええ。でも、日本語から英語へ、英語から中国語へ翻訳する辞書が欲しいですけど。

森畑：なるほど。じゃ、行ってらっしゃい。

張：はい。行ってきます。

……

張：ただいま。

森畑：お帰り。辞書を買いましたか。

張：はい、買いましたよ。ほら。いい辞書でしょう。3ヶ国語もあるから、便利です。

森畑：『新和英中辞典』…その辞書には、中国語がありませんよ。

張：ええー？何で〜！？

森畑：「中」は、中国語の「中」じゃなくて、中型辞典の「中」ですから。

新出単語

日中【にっちゅう】	①	（名）	日中，日本和中国
大【だい】		（接頭）	大；非常
辞典【じてん】	⓪	（名）	词典，辞典
引き出し【ひきだし】	⓪	（名）	抽屉
英語【えいご】	⓪	（名）	英语
翻訳【ほんやく】	⓪	（他サ・名）	翻译
3ヶ国語【さんかこくご】	⓪	（造）	三个国家的语言
便利【べんり】	①	（ナ形・名）	方便，便利
新【しん】		（接頭）	新
和英【わえい】	⓪	（名）	日语和英语，日英
中【ちゅう】	①	（名・造）	中等
中型【ちゅうがた】	⓪	（名）	中型

ちょっとお茶でも…？

A：ちょっとお茶でも…？

B：はい。いただきます。

A：砂糖は？

B：お願いします。

新出単語

茶【ちゃ】	⓪	（名）	茶水；茶叶
でも		（副助）	（举例提示）要是，譬如，或者是
ちょっとお茶でも【ちょっとおちゃでも】		（慣）→	来点儿茶怎么样？
砂糖【さとう】	②	（名）	砂糖

1　文節

同学们刚开始打开本书看到课文时，或许有点儿不习惯，好像第一册中有的空格在本书中消失了！

可不是嘛！第一册课文中句子各单位之间都有明显的空格隔开，这些被隔开的单位在日语中被称为"文节"（「文節」）。

「文節」的日语定义如下：

「日本語の言語単位の一つ。文を、実際の言語として不自然でない程度に区切った時に得られる最小の単位。」（日语语言单位之一。将句子切分为若干个实际意义语言时获得的最小单位。）

在日语学习的初级阶段，文节的区分是非常重要的。有了文节，我们就能搞清句子的语法关系，朗读时也知道在哪儿断句，做到抑扬顿挫。如「文節はとても　簡単な　ものです」这个句子中，有「文節は」、「とても」、「簡単な」、「ものです」4个成分。初学者可以根据这4个成分中间的空格把握句子的逻辑关系和朗读重点。

不过，日语"文节"对于有经验的人来说，是一种"不言自明"的技巧。教科书中在文字印刷上区分文节，只是为了帮助初学者入门。经过一段时间的练习之后，同学们应该在没有空格的情况下理解和划分文节，获得句子逻辑关系理解上的进步。因此，从本册教材开始，文节的关系将留给同学们揣摩，课

文中的语言单位将不再用空格隔开。

2 君、どこへ行きますか。

格助词：「へ」。

解　说：读作「え」（为一种音便，也叫"音变"，是单词受前后音的影响而发生的音韵变化的一种现象，语言学中叫作"转呼音"），前接场所名词（或代词），后接「来る/行く/帰る」等带有移动含义的自动词，表示动作移动的方向，意为"向……""往……"。如果后续的是他动词，则表示该动作的朝向。

用　例：
○ 東京へ帰ります。/回东京。
○ 運動場へ行きます。/去操场。
○ 学校へ来ますか。/来学校吗？

比较：
○ 南へ眺めます。/眺望南方。
○ 北へ指します。/指着北方。

3 寮に帰ります。この辞書を本棚に戻します。

格助词：「に」。

解　说：前接表示场所的名词，后接「来る/行く/帰る」等表示移动的自动词，表示到达点或目的地。可以先简单地理解为"「に」表示一个'点'"。

用　例：
○ 私は今から、教室に行きます。/我这会儿去教室。
○ 彼女は明日、日本に留学します。/她明天去日本留学。
○ 南さんは土曜日、家に帰ります。/小南周六回家。

补　充：「へ」和「に」都可以表示动作、作用的方向或目的地，但二者有区别。「へ」侧重于方向性，用于表示动作、作用的方向或目的地时，含有"朝向"的意思。「東京へ行きます」是"向东京那个方向去"，有可能穿过东京还去别的地方。「に」的原始含义是某个"点"，用于表示动作、作用的方向或目的地时，含有"到达点"的意思。「東京に行きま

す」是"去东京那个地方",目的地很明确。

格助词:「に」。

解　说:表示动作、作用的着落点,即动作或作用最终固定、归着到某事物或者某个点上。

用　例:

○ トランクをロッカーに置きました。/手提箱放在橱柜里了。

○ 地下鉄に乗ります。/乘(坐)地铁。

○ ここに名前を書きますか。/把名字写在这儿吗?

4 何もありませんけど、今から酒を飲みに、一緒に私達の寮へ行きましょう。

句　型:疑问词+「も」+否定表达。

解　说:疑问词(「どこ」、「何」、「誰」、「どれ」等)接提示助词「も」,后接否定表达,表示全部否定,意为"……也不(没)……"。

用　例:

○ テーブルの上に何もありません。/桌子上什么都没有。

○ 明日はどこにも行きません。/明天我哪都不去。

惯用表达:「何もありませんけど」。

解　说:为邀请人或者送人礼物时的客套话,跨文化交际时需要留意的表达方式之一。「ありません」也可用「ないです」的形式。

用　例:

○ 何もありませんけれども、日本からのお土産です。/没什么好东西给您,这是从日本带来的土特产(礼品)。

○ 何もないですけれど、ささやかな気持ちだけです。/没什么东西,就一点儿小意思。

○ 何もないですけれども、ちょっと美味しい緑茶です。/没什么东西,有点儿味道不错的绿茶。

格助词:「から」。

解　说:用在表示时间、空间的体言后,表示时间、空间的起点,意为

"从……"。可用「～からです」的形式结句，也可用""「～から」+动词"的形式表示动作开始的起点。

用　例：
○ 明日から休みです。/从明天开始休假。
○ 授業は8時半からです。/八点半开始上课。
○ 午後5時からアルバイトをします。/从下午5点开始打工。

句　型：「～を～に行きます/来ます」。

解　说：动词连用形（サ变动词词干）+「に」+ 移动性自动词，表示"来""去""回"等的目的。通常用句型"「(～へ)（本课解说7将学习）～を～に」+「来る/行く/帰る」等移动性自动词"。其中「へ」接在场所名词后；「を」接在动作的宾语（有时可省略，自动词则不用）后；「に」接在动词连用形（マス形）、サ变动词词干后。此句型表示"来/去/回某处做某事"。

用　例：
○（公園へ）花を見に行きます。/去（公园）看花。
○（市場へ）何を買いに来ましたか。/你来（市场）买什么啊？
○（東京へ）出張に行きます。/去（东京）出差。

句　型：「～ましょう」。

解　说：接在动词连用形（マス形）后，用于提议或劝诱对方一起做某事，意为"（一起）……吧""（我来）……吧"。常和「一緒に」一起搭配使用。响应劝诱、提议时，可用「はい/ええ、いいですよ/～ましょう/そうしましょう」；拒绝劝诱、提议时，则用「すみません/ご免なさい、今日はちょっと（都合が悪くて）…」或直接说明原因等委婉表达。此外，此句型也可用于表示第一人称主动承担做某事。

用　例：
○ A：映画を見ましょう。B：はい。いいですよ。/A：去看电影吧。B：好呀。
○ A：一緒にご飯を食べましょう。B：ええ、行きましょう。/A：一起吃饭去吧。B：好哇，去吧。

○ 私が花を買いましょう。/我去买花吧。

○ A：一緒に帰りましょう。B：すみません、今はちょっと…。/A：一起回去吧。B：对不起，这会儿有点儿（脱不开身）……

5 寮に何があるか当てましょうか。

（存在）句型：「～に(は) ～があります/～は～に(は) あります」。

解　说：第1册第7课"综合解说"对存在动词「ある」的用法进行了详细的介绍，它表示"没有生命的物体或植物的存在"。「に」前面接地点名词或场所指示代词，表示存在的场所。该句型意为"（某处）有（某物）"，其否定形式为「～に(は) ～はありません」。当突出存在的物体时，则用句型「～は～にあります」，意为"（某物）在（某处）"，其否定形式为「～は～に(は) ありません」。

用　例：

○ 私の学校にコンビニがあります。/我的学校有便利店。

○ そのコンビニは、寮の下にあります。/那个便利店在宿舍楼下。

○ A：川の中に何がありますか。B：魚の学校があります。/A：河里有什么？B：有一所鱼的学校。

○ 辞書は家にありません。寮にあります。/辞典不在家，在宿舍。

疑问短句：「寮に何があるか」。

解　说：当带有疑问词的某个句子充当另一个句子的某个成分时，需要使用疑问短句的形式。疑问短句部分使用常体接副助词「か」，后面一般接续「分かる」、「聞く」、「考える」、「知る」、「思う」等可以用来表示带有疑问或者判断性内容的动词。通常疑问短句中的副助词「か」可以直接替代后面的动词所使用的助词「が」、「を」、「と」等。

用　例：

○ バナナはどこにあるか聞きましょう。/我（帮你）问问香蕉在哪儿吧。

○ 誰が来るか、知りません。/不知道谁来。

○ これは誰の花か、分かりますか。/知道这是谁的花吗？

句　型：「～ましょうか」。

解　说：表示"提议"，用于向对方提议（和自己一起）做某事或向对方提议自己为其做某事，是以征求对方意见的形式表示较为委婉的提议，意为"……吧，好吗？"

「～ましょうか」由表示说话人意志的「～ましょう」后接疑问助词「か」的形式构成，会因过多强调说话人自己一方的意志或催促对方做某事而给对方一种强迫感或不快感。根据场景，可换用较为婉转的句型，如「～てもいいですか」、「～はいかがですか」等。答复表示劝诱、提议的「～ましょう」、「～ましょうか」时，可用「はい/ええ、いいですよ/～ましょう/そうしましょう」；拒绝劝诱、提议时，则多采用「すみません/ご免なさい、今日はちょっと（都合が悪くて）…」或直接说明原因等委婉表达。

用　例：

　○A：バナナはどこにあるか聞きましょうか。B：はい、お願いします/A：我（帮你）问问香蕉在哪儿吧，好吗？B：好的，拜托。

　○A：教室へ行きましょうか。B：はい、行きましょう。/A：我们去教室吧，好吗？B：好的。走吧。

　○A：バンジーをしに行きましょうか。B：すみません。ちょっと…。/A：我们去蹦极吧，好吗？B：对不起，我有点儿……

6 昨日も酒を飲みましたから、今日は遠慮します。

接续助词：「から」。

解　说：接在前一个句子的末尾，连接两个句子，表示后述行为、动作、状态、心理活动等主观上的原因、理由，多与表示讲话人希望、推量、意志、命令的句子相呼应，意为"因为……所以……""因此……"。

用　例：

　○辞書を買いましたから、大丈夫です。/买了辞典，所以没关系。

　○勉強は多いですから、休みがありません。/学习的东西很多，没有休息。

○ あまり美味しくありませんから、食べに行きません。/因为不大好吃，所以不去吃。

○ 明日は日曜日ですから、学校へ行きません。/明天是星期天，所以不去学校。

7 南の駅から故郷へ帰りますか。

句　型：「～から～へ/に」。

解　说：表示移动的起点和方向或终点。「から」表示起点，「へ」表示方向，如果用「に」，则表示终点，意为"从……到……"。此用法既可用于具体地点的表达，也可用于抽象概念的表达。

用　例：

○ 学校から故郷に帰りました。/从学校回到了故乡。

○ 下から上へ行きます。/从下面上去。

○ 理論から実践へ。/从理论到实践。

8 時間が欲しいです。

句　型：「～が欲しい」。

解　说：通常用「～(人)は～が欲しいです」的形式，表示说话人（疑问句时听话人）想要某物（可以是具体实物，也可以是抽象物，如「時間」、「休み」等）的愿望，意为"想要（某物）"。想要的对象物在句子中构成对象语，用「が」提示。句子的主语「人」可省略。由于「欲しい」是表达强烈主观愿望的形容词，所以问对方，尤其是客人"想要"什么的时候，不能说「～が欲しいですか」。而受汉语母语的干扰，曾有教科书出现店员问客人：「お客様、何が欲しいですか」这样的问句。由于日本文化忌讳欲望的直接表露，因此这种说法往往会被认为失礼，需要注意。

用　例：

○ （私は）新しいパソコンが欲しいです。/我想要台新电脑。

○ 疲れましたから、長い休みが欲しいです。/很累，所以我想要个长假期。

○ あなたの欲しいものは、ここにはありませんよ！/你要的这里没有！

补　充：表示第三人称的人想要某种东西的愿望时要用「欲しがる」，其想要的东西在句子中构成宾语，用「を」表示。

○ 南さんはいい辞書を欲しがります。/小南想要一本好的辞典。

○ 店長：あの男は何も買いませんね。何を欲しがっていますか。/店长：那个男的什么都不买。他想要什么呀？

9 ちょっとお茶でも…?

副助词：「でも」。

解　说：接在体言、助词后，表示提示同类事物中的某一个，暗示不局限于这一事物，其他也可以，多用于表示委婉语气，谓语多为推量、意志、命令、要求等形式。

用　例：

○ 誕生日のお祝いにチョコレートでもあげましょう。/祝贺生日，送巧克力什么的吧。

○ 両親にでも相談してください。/请找家长等人商量一下。

○ 授業中、雑誌でも読んではいけません。/上课不能看杂志什么的。

数字的读法
（数字の読み方）

a. 年的读法

年	读音	年	读音	年	读音
1年	いちねん	2年	にねん	3年	さんねん
4年	よねん	5年	ごねん	6年	ろくねん
7年	しちねん・ななねん	8年	はちねん	9年	きゅうねん・くねん

续表

年	读音	年	读音	年	读音
10年	じゅうねん	11年	じゅういちねん	12年	じゅうにねん
何年	なんねん				

b. 年龄的读法

年龄	读音	年龄	读音	年龄	读音
1歳	いっさい	2歳	にさい	3歳	さんさい
4歳	よんさい	5歳	ごさい	6歳	ろくさい
7歳	ななさい・しちさい	8歳	はっさい・はちさい	9歳	きゅうさい
10歳	じっさい・じゅっさい	11歳	じゅういっさい	12歳	じゅうにさい
13歳	じゅうさんさい	20歳	はたち	21歳	にじゅういっさい
何歳	なんさい				

1. 次の漢字にふりがなをつけてください。

一緒　　授業　　蝉　　翻訳　　中型　　課外　　今回
故郷　　遠慮　　納豆　　本棚　　林　　砂糖

2. 下線部の仮名を漢字に直し、括弧に入れてください。

（1）きくまつ（　　）りは何時からでしょうか。

（2）これからえき（　　）へ行って、電車にの（　　）ります。

（3）授業の後、こうはい（　　）と一緒にりょう（　　）へ帰りました。

（4）私は毎朝ぎゅうにゅう（　　）をの（　　）みます。

第 1 課　和洋折衷　019

(5) このちゅうか(　　)料理にこんぶ(　　)がありますか。

(6) じどう(　　)たち(　　)はおしろ(　　)に登ります。

3. ☐の中から適切な語を選んで括弧に記入してください。

> ブランコ　　グランド　　フライパン　　バター　　モノローグ
> ユニーク　　ワンカップ　　サッカー

(1) この(　　)に(　　)を入れます。

(2) 学校の(　　)へ(　　)をしに行きます。

(3) 彼はとても(　　)なアイディアを話しました。

(4) 最後にレモンジュースを(　　)入れます。

(5) みなさん、さっきの映画の(　　)の意味が分かりますか。

(6) 公園に(　　)と池があります。

4. 適切な平仮名を括弧に入れ、文を作ってください。（各括弧に平仮名を一つ入れること）

(1) 昨日、公園(　　)蝉(　　)取り(　　)行きました。

(2) この鞄(かばん)の中(　　)何(　　)ある(　　)聞きましょう。

(3) 午前(　　)授業は8時(　　)(　　)です。

(4) 明日は試験です(　　)(　　)、今日はどこ(　　)(　　)行きません。

(5) 上(　　)(　　)下(　　)答えを良くチェックします。

(6) 高いバッグ(　　)欲しいです(　　)(　　)、お金がありません。

(7) 娘(むすめ)はピンクのドレス(　　)欲しがっています。

5. 括弧の語を使い、例を参考に、文を作ってください。

例：食堂へ＿＿＿＿＿＿＿。(昼ご飯・食べる・行く)
　　→食堂へ昼ご飯を食べに行きます。

(1) 昨日京都へ＿＿＿＿＿＿＿。(清水寺・見物・行く)

(2) 私は＿＿＿＿＿＿＿(北京・留学生)です。どうぞ、よろしくお願い

たします。

(3) 宿題を忘れましたから、家に＿＿＿＿＿。(取る・帰る)

(4) ＿＿＿＿＿＿＿知りません。(教室・誰・いる)

(5) 校庭＿＿＿＿＿。(木・15本・ある)

(6) この店の焼き肉が＿＿＿＿＿＿＿。(おいしい・たくさん・食べる)

(7) こちらの引き出しに＿＿＿＿＿(何・ある)から、ほかの場所を探しましょう。

6. A、B、C、Dの4つの選択肢の中から最適なものを選び、文を作ってください。

(1) このカップ＿＿＿＿冷たいジュースを入れます。
　　A. は　　　　B. に　　　　C. を　　　　D. が

(2) 私は新しい家＿＿＿＿欲しいです。
　　A. を　　　　B. は　　　　C. で　　　　D. が

(3) 雨が降ります＿＿＿＿、早く帰りましょう。
　　A. まで　　　B. から　　　C. が　　　　D. だけ

(4) 地下鉄に＿＿＿＿か、自転車に＿＿＿＿か、決まりましたか。
　　A. 座る　座る　　　　　　B. 座る　騎る
　　C. 乗る　騎る　　　　　　D. 乗る　乗る

(5) 隣の部屋は静かですね。誰＿＿＿＿でしょう。
　　A. がいない　B. もいる　　C. かいない　D. もいない

(6) 主人が新型の車＿＿＿＿＿＿。
　　A. を欲しい　　　　　　　B. を欲しがっています
　　C. が欲しい　　　　　　　D. が欲しがっています

(7) 「明日＿＿＿＿何をしますか。」
　　「アルバイトを＿＿＿＿。」
　　A. から　します　　　　　B. に　します
　　C. から　しました　　　　D. に　しました

(8)「一緒に買い物しましょう。」
「ええ、＿＿＿＿＿＿＿＿＿＿。」
　　A. 買いましょう　　　　　　B. 行きましょう
　　C. 今はちょっと　　　　　　D. 明日でもいいですか

(9) 遊園地に＿＿＿＿＿＿分かりますか。
　　A. 何があるか　　B. 何もあるか　　C. 何がない　　D. 何がある

(10) まだまだ時間があります。＿＿＿＿歩きましょう。
　　A. あまり　　B. そろそろ　　C. ゆっくり　　D. たぶん

7. 下記の文を日本語に訳してください。

(1) 我昨天把书放回抽屉里了。

(2) A：下周一我们一起去书店买新字典吧。
　　B：好哇，一起去吧。

(3) 鱼市场有小鲍鱼吗？

(4) 山田先生的语调很独特。

(5) A：来点酒怎么样？
　　B：不，我啥都不喝。

8. 下記の文を中国語に訳してください。

(1) 明日、気温が下がりますから、コートを着ましょう。

(2) 明日は休みですから、学校から家に帰ります。

(3) どこに名前を書くか分かりません。

(4) 高校三年生の娘は新型の携帯電話を欲しがっています。

(5) ここの中華料理は本当の中華の感じがあまりありません。

9. 下記の線に適切な語を書き、文を作ってください。

(1) ＿＿＿＿＿＿＿＿＿けど、ほんの気持ちだけです。

(2) 雨が降りましたから、＿＿＿＿＿＿＿＿＿ましょう。

(3) A：これから何をしますか。
　　B：＿＿＿＿＿＿＿＿＿。

(4) A：誕生日の時、どんなプレゼントが一番欲しいですか。
　　B：＿＿＿＿＿＿＿＿が欲しいです。

(5) A：一緒にお酒を飲みましょう。
　　B：＿＿＿＿＿＿＿＿。

10. 次の文章を読んで、後の問題に対する答えとして、最もよいものをA、B、C、Dから一つ選んでください。

　昨日雨が降って寒い日でした。私は友達とサッカーの試合を見に行きました。土曜日ですから、人が大勢いました。天気の悪い日は選手も私達も大変でした。試合の後、私達は映画館へ日本のアニメ映画を見に行きました。映画の名前は「崖の上のポニョ」です。中国語の翻訳がありますから、物語の意味が良く分かりました。面白かったです。その後、私達は晩ご飯を食べました。日本ラーメンで美味しかったです。

(1) サッカーの試合は何曜日でしたか。
　　A. 日曜日　　　B. 土曜日　　　C. 金曜日　　　D. 月曜日

(2) 映画は何時でしたか。
　　A. 昨日の午前　　　　　　B. 今日の午後
　　C. 昨日の午後　　　　　　D. 今日の午前

(3) 何故、「選手も私達も大変でした」か。
　　A. 雨が降りましたから　　　B. 人が多かったから
　　C. 寒かったから　　　　　　D. 雨が降って寒かったから

(4) この短文の内容に合っているものはどれですか。
　　A. 私と友達は日本のドラマを見ました。面白かったです
　　B. 私と友達は日本のアニメ映画を見ましたが、意味が分かりませんでした
　　C. 私と友達は日本のアニメ映画を見ました。面白かったです
　　D. 私と友達は楽しい一日過ごしました

補充語彙

電車【でんしゃ】	⓪	（名）	城铁
毎朝【まいあさ】	①⓪	（名）	每天早上
料理【りょうり】	①	（名・他サ）	菜肴；烹调；处理
レモン【lemon】	①⓪	（名）	柠檬
意味【いみ】	①	（名）	意思；意图；意义
鞄【かばん】	⓪	（名）	包，提包，皮包
試験【しけん】	②	（名・他サ）	考试，检测；试验
答え【こたえ】	②	（名）	答案（解答）；回话
チェック【check】	①	（他サ・名）	检查；支票；方格花纹
バッグ【bag】	①	（名）	包，袋
娘【むすめ】	③	（名）	女儿；姑娘，少女
ドレス【dress】	①	（名）	连衣裙；女装
京都【きょうと】	①	（固）	京都
清水寺【きよみずでら】	⓪	（固）	清水寺
見物【けんぶつ】	⓪	（名・他サ）	观光，游览，观赏
行く【いく・ゆく】	⓪	（自五）	去；行进；进展
北京【ペキン】	①	（固）	北京
留学生【りゅうがくせい】	③	（名）	留学生
宿題【しゅくだい】	⓪	（名）	课外作业；老问题
忘れる【わすれる】	⓪	（他一）	忘记；遗失；疏忽
校庭【こうてい】	⓪	（名）	校园
焼き肉【やきにく】	⓪	（名）	烤肉
場所【ばしょ】	⓪	（名）	地方，场所；座位
探す【さがす】	⓪	（他五）	寻找；搜寻
自転車【じてんしゃ】	②⓪	（名）	自行车，脚踏车
隣【となり】	⓪	（名）	旁边；邻居

续表

部屋【へや】	②	（名）	房间，屋子
静か【しずか】	①	（ナ形）	安静的；平静的
主人【しゅじん】	①	（名）	丈夫；家长；店主人
新型【しんがた】	⓪	（名）	新型，新
買い物【かいもの】	⓪	（他サ・名）	买东西；要买的东西
遊園地【ゆうえんち】	③	（名）	游乐场（园）
歩く【あるく】	②	（自五）	步行，走；经过
気温【きおん】	⓪	（名）	气温
下がる【さがる】	②	（自五）	下降；悬垂；降价
コート【coat】	①	（名）	大衣，风衣，外套
着る【きる】	②	（他一）	穿（衣）；承受（恩情、罪责）
名前【なまえ】	⓪	（名）	名字，姓名；名义
携帯電話【けいたいでんわ】	⑤	（名）	手机
本当【ほんとう】	⓪	（名・ナ形）	真的，确实；本来
昨日【きのう・さくじつ】	②⓪	（名）	昨天；不久前，过去
大勢【おおぜい】	③	（名）	很多人
選手【せんしゅ】	①	（名）	选手，参加比赛的人
大変【たいへん】	⓪	（ナ形・名・副）	非常困难的；严重的；大事件；非常
映画館【えいがかん】	③	（名）	电影院
アニメ【anime】	①	（名）	（「アニメーション」的缩略词）动漫，动画片
崖【がけ】	⓪	（名）	悬崖，绝壁
翻訳【ほんやく】	⓪	（名・他サ）	翻译
物語【ものがたり】	③	（名）	故事；传说
短文【たんぶん】	⓪	（名）	短文；短句

第 2 課

ダイエットの話、写真の話

　　小南告诉小北她昨天去朋友家，无意中看到朋友的"减肥计划"，居然是从49.2千克"减到"55千克，为什么？想想看。

　　栗栖到小孔家访问，看到书架上的相册。小孔抽出相册递给栗栖，谈起了自己的家庭成员。

　　本课主要学习家庭成员的称呼和"动词＋「て」"等基本语法。

要点

1. 句型「～のことですから」、「～ことに」、「～ませんでした」、「～てください」、「～てもいいです」、「～は～にいます／～に（は）～がいます」。

2. 连语「それはないでしょう」。

3. 助词连用，助词「に」、「て」的用法。

4. 动词中顿(中止法)、动词连用形＋接续助词「て」的音便、动词连接形式，以及「～です」的过去时「～でした」的用法。

核心句型会话
（核心文型会話）

❶ A：南さんのことですから、大丈夫ですよね。
　B：いや、残念なことに、失敗しましたよ。
　A：それはないでしょう。

❷ A：あの二人は、北京へ仕入れに行きました。
　B：えー、そうなんですか。仕事に夢中ですね。それには気付きませんでした。

❸ A：お友達はまだ2階の図書室にいますか。
　B：いいえ。もうバスに乗って帰りました。

❹ A：嗅いでもいいですか。
　B：はい。ちょっと嗅いでください。いかがですか。いい匂いでしょう。

❺ A：お酒も持って来てください。
　B：はい。すぐ持って行きます。

第2課　ダイエットの話、写真の話

新出単語

ダイエット【diet】	①	（名・自サ）	減肥
残念【ざんねん】	③	（ナ形・名）	遺憾，可惜
失敗【しっぱい】	⓪	（自サ・名）	失敗
仕入れ【しいれ】	⓪	（名）	采购，采办
夢中【むちゅう】	⓪	（ナ形・名）	起劲，入迷；梦中
気付く【きづく】	②	（自五）	注意到
友達【ともだち】	⓪	（名）	朋友
階【かい】		（接尾）	（建筑的层数）层，楼
図書室【としょしつ】	②	（名）	图书室
バス【bus】	①	（名）	公共汽车
乗る【のる】	②⓪	（自五）	乘坐；骑
嗅ぐ【かぐ】	②⓪	（他五）	闻，嗅
いかが【如何】	②	（副）	怎么样，如何
持つ【もつ】	①	（他自五）	拿，持有；保持
すぐ	①	（副・ナ形）	立刻，马上

课文 (本文)

2つの会話

　南さんは北さんと会話しました。会話の内容は、南さんの友達の料理からダイエット計画に変わりました。

　また、先週、北さんは、孔さんの家に遊びに行きました。孔さんの家の本棚にアルバムがありました。北さんは、そのアルバムに気付きました。

　孔さんはアルバムを取り、北さんに渡しました。二人は、アルバムを見ました。そして、家族のことを楽しく話しました。

新出単語

内容【ないよう】	⓪	(名)	内容
料理【りょうり】	①	(名・他サ)	菜肴；做菜，烹饪
計画【けいかく】	⓪	(名・他サ)	计划，规划
変わる【かわる】	③⓪	(自五) →	改变；与众不同
先週【せんしゅう】	⓪	(名)	上星期，上周
孔【こう】	①	(固)	(姓) 孔
遊ぶ【あそぶ】	⓪	(自五) →	玩；消遣；游学
アルバム【album】	⓪	(名)	影集，相册；纪念册
渡す【わたす】	⓪	(他五) →	给，交给
楽しい【たのしい】	③	(イ形) →	高兴的，快乐的
話す【はなす】	②	(他五) →	说话；告诉

基础会话
(基礎会話)

ユニット1　ダイエットのバージョン

登場人物：南(女性)　北(男性)

南：昨日、友人宅に遊びに行ってご馳走になりました。

北：羨ましいですね。何のご馳走でしたか。

南：豚肉炒め、レンギョの頭の唐辛子蒸かし、蒸かし芋のとろろ昆布掛け、それに、アイスプラントの和え物…。

北：へぇー、中華料理と日本料理のちゃんぽんですね。

南：そうなんですよ。でも、美味しくて美味しくて…。

北：お友達、お料理がお上手なんですか。

南：めちゃくちゃ上手です。と言っても、その彼女は、同時に、ダイエットにも夢中ですよ。

北：料理が上手くて、ダイエットにも夢中？ちょっと矛盾じゃありませんか。

南：そうなんですけど、真面目な彼女のことですから、「ダイエット計画」もノートに書きました。

北：何を書きましたか。

南：私は、一行だけ覗きました。

北：その一行は…？

南：その一行は、不思議なことに、「目標体重、５５kg、実体重、４９．２kg」でした。

北：それはないでしょう。ダイエット計画じゃなくて、「逆ダイエット計画」じゃありませんか。

新出単語

バージョン【version】	①⓪	（名）	版本
友人【ゆうじん】	⓪	（名）	朋友，友人
宅【たく】	⓪	（名）	家，住所
ご馳走になる【ごちそうになる】		（慣）	接受宴请
ご馳走【ごちそう】	⓪	（他サ・名）	款待，宴请；好吃的食物；酒席
羨ましい【うらやましい】	⑤	（イ形）	羨慕的，眼红的
豚肉【ぶたにく】	⓪	（名）	猪肉
炒め【いため】		（造）	炒
レンギョ【鰱魚】	①	（名）	鲢鱼
頭【あたま】	③②	（名）	头，脑袋
唐辛子【とうがらし】	③	（名）	辣椒

续表

蒸かし【ふかし】		（造）		蒸
芋【いも】	②	（名）	✈	薯
とろろ昆布【とろろこんぶ】	④	（名）	×	（用篦子刷成极薄的）海带丝
掛ける【かける】	②	（他一）	✈	撒，浇
アイスプラント【ice plant】	④	（名）	×	冰叶菊，晶叶菊
和え物【あえもの】	⓪②③	（名）		凉拌菜
中華料理【ちゅうかりょうり】	④	（名）		中国菜，中餐
ちゃんぽん	①	（名・ナ形）		掺杂，掺和
上手【じょうず】	③	（ナ形）	✈	擅长，拿手
めちゃくちゃ【滅茶苦茶・目茶苦茶】	⓪	（名・ナ形）	✈	乱七八糟，成套，胡乱
と言っても【といっても】	④	（慣）	✈	说起来也……
同時に【どうじに】	④⓪	（慣）	✈	同时
矛盾【むじゅん】	⓪	（名・自サ）		矛盾，不一致
真面目【まじめ】	⓪	（ナ形・名）	✈	认真，老实，踏实
書く【かく】	①	（他五）	✈	写
行【ぎょう】	①	（接尾）	✈	（文章的）一行，一段
覗く【のぞく】	③⓪	（自他五）	✈	瞧瞧，看一看；窥视
不思議【ふしぎ】	⓪	（ナ形・名）	✈	不可思议，奇怪
目標【もくひょう】	⓪	（名）	✈	目标，指标
体重【たいじゅう】	⓪	（名）		体重
実【じつ】	②	（名）	✈	真实，实际
逆【ぎゃく】	⓪	（名）	✈	逆，倒，反

ユニット2　家族写真

登場人物：孔(男性)　栗栖(男性)

（チャイムの音）

孔：はーい。

栗栖：ご免くださーい。

孔：はい。

栗栖：栗栖でーす。

孔：あっ、ちょっと待ってください。(ドアを開けて) どうぞ上がってください。

栗栖：お邪魔しまーす。

孔：はい、どうぞ。…あっ、そこの椅子に座ってください。

栗栖：すみません。

孔：お茶はいかがですか。

栗栖：はい、いただきます。…これ、おしゃれなアルバムですね。

孔：それですか。家族の写真です。

栗栖：見ていいですか。

孔：はい。どうぞ。

栗栖：大きな写真ですね。こちらはお祖父さんでしょう。

孔：はい、祖父です。こちらは祖母です。

栗栖：お祖母さんの横の方はお父さんでしょう。

孔：ええ。父です。若いでしょう。

栗栖：確かに。では、これはお母さんですね。

孔：いいえ。母ではありません、叔母です。これは叔父、これは兄、これは姉、これは私、これは弟、これは妹です。

栗栖：叔母さん、叔父さん、お兄さん、お姉さん、孔さん、弟さん、妹さんですか。

孔：はい、そうです。

栗栖：じゃ、お母さんはどこにいますか。

孔：母はたまたま、上海へ出張中でした。

栗栖：へぇー、上海へですか。それは残念ですね。

孔：でも、上海ガニや小籠包など、たくさんお土産を持って帰りました。写真もありますよ。ほら、次のページに。

栗栖：うわー、美味しそう！目の毒ですね！

新出単語

チャイム【chime】	①	（名）	门铃
音【おと】	②	（名）→	声音；音信
ご免くださーい【ごめんくださーい】		（慣）→	（「ごめんください」【御免下さい】的长音）（拜访别人时）我可以进来吗，有人在家吗
待つ【まつ】	①	（他五）→	等，等待
ドア【door】	①	（名）→	门
上がる【あがる】	③⓪	（自五）→	登，上
どうぞ上がってください【どうぞあがってください】		（慣）→	请进来，请上来
椅子【いす】	⓪	（名）	椅子；职位
おしゃれ【御洒落】	②	（ナ形・名・自サ）→	漂亮，好打扮
お祖父さん【おじいさん・お爺さん】	②	（名）→	爷爷，外公；老爷爷
祖父【そふ】	①	（名）	（对外人提起时）爷爷，外公
祖母【そぼ】	①	（名）	（对外人提起时）奶奶，外婆
お祖母さん【おばあさん・お婆さん】	②	（名）→	奶奶，外婆；老奶奶
お父さん【おとうさん】	②	（名）→	爸爸，父亲
父【ちち】	①②	（名）→	（对外人提起时）爸爸，父亲
お母さん【おかあさん】	②	（名）→	妈妈，母亲
叔母【おば】	⓪	（名）→	（对外人提起时）姑母，姨母，伯母，婶母，舅母
叔父【おじ】	⓪	（名）→	（对外人提起时）姑父，姨父，伯父，叔父，舅父
兄【あに】	①	（名）→	（对外人提起时）哥哥
姉【あね】	⓪	（名）→	（对外人提起时）姐姐

续表

単語	アクセント	品詞	意味
弟【おとうと】	④	(名) ✈	（对外人提起时）弟弟
妹【いもうと】	④	(名) ✈	（对外人提起时）妹妹
叔母さん【おばさん】	⓪	(名) ✍	姑母，姨母，伯母，婶母，舅母
叔父さん【おじさん】	⓪	(名) ✍	姑父，姨父，伯父，叔父，舅父
お兄さん【おにいさん】	②	(名) ✈	哥哥；(称呼年轻男性)小伙子
お姉さん【おねえさん】	②	(名) ✈	姐姐；(称呼年轻女性)大姐
弟さん【おとうとさん】	⓪	(名)	弟弟
妹さん【いもうとさん】	⓪	(名)	妹妹
たまたま	⓪	(副) ✈	碰巧，偶然；偶尔，有时
上海【シャンハイ】	①③	(固)	上海（地名）
出張【しゅっちょう】	⓪	(名・自サ) ✈	出差
小龍包【しょうろんぽう】	③	(名) ×	小笼包
お土産【おみやげ】	⓪	(名) ✈	特产，土特产；礼物
次【つぎ】	②	(名) ✈	下一个，其次
ページ【page】	⓪	(名) ✍	页
うわー	②	(感)	呀，哇
目の毒【めのどく】		(慣) ✍	看得见却得不到的好东西，（鼻尖上的肉，看得见）吃不着，眼馋

石の上にも三年

A: 去年日本語を勉強しました。今年、また、来年も日本語を勉強します。
B: 何年間勉強しますか。
A: 3年間です。「石の上にも三年」ですから。

新出単語

石の上にも三年【いしのうえにもさんねん】		（諺）	（在石头上坐上三年也会暖和的）功到自然成
年【ねん】	⓪	（名・接尾）	年
去年【きょねん】	①	（名）	去年
日本語【にほんご】	⓪	（名）	日语
勉強【べんきょう】	⓪	（自他サ・名）	学习
来年【らいねん】	⓪	（名）	明年
何年【なんねん】	①	（名）	多少年，几年；哪一年
間【かん】		（接尾）	间，……期间

综合解说
（綜合解説）

1 南さんのことですから、大丈夫ですよね。

句　型：「～のことですから」。

解　说：接在表示人物的名词或代词后，表示从双方都熟知的人的性格、行为习惯等方面做出判断，后项以此为依据推测出结果，常和「きっと」、「当然」呼应。通常可用在"既然前者具有这样的特征，得到后面的结果也是很正常的"这种场景之中，意为"因为……一定……"。

用　例：

○ 勉強家の彼のことですから、きっと一流大学です。/他那么勤奋，一定上一流的大学。

○ 彼のことですから、ダイエットしますよ。/他呀，会减肥的。

○ 山田さんのことですから、唐辛子が嫌いですよ。/山田那人，不喜欢（吃）辣椒的。

助词连用：「よね」。

解　说：接在句末，作为终助词，在表示轻微感叹的同时进行确认。

○ 南の冬は、暖かいですよね。/南方的冬天暖和吧？
○ 北さんの絵は、綺麗ですよね。/小北的画很好看吧？

2 残念なことに、失敗しましたよ。

句　型：「～ことに」。
解　说：接在表示情感的イ形容词、ナ形容词的连体形，或动词过去式普通体（常体）后，用以提前表示说话人对即将叙述事件的感情色彩，意为"（表示某种感情）的是"。
用　例：
○ 恐ろしいことに、彼はすぐ変身しました。/可怕的是，他马上变身了。
○ 失礼なことに、彼女は電話を切りました。/失礼的是，她挂断了电话。

3 それはないでしょう。

连　语：「それはないでしょう」。
解　说：表示对对方所言之事的否定推量，意为"（那）不会吧"。
用　例：
○ A：南さんは結婚しましたよ。B：それはないでしょう。/A：小南结婚了。B：不会吧！

4 北京へ仕入れに行きました。

格助词：「に」。
解　说：动词连用形＋「に」＋动词，表示后续所要达到的（动作性）目的。
用　例：
○ ご飯を食べに行きます。/去吃饭。
○ 図書館へ本を借りに行きます。/去图书馆借书。
○ 運動しにグラウンドへ走ります。/跑到运动场去运动。

5 仕事に夢中ですね。それには気付きませんでした。

格助词：「に」。
解　说：人或物体的名词（代词）＋「に」＋动词，表示动作、行为的对象或动作、

行为的接受者。「には」是助词连用。「は」表示对后续否定表达的强调。

用　例：
- 練習に熱心ですね。/热衷于练习呀！
- その話に無関心です。/对那种话无感。
- 毎週土曜日、母に電話をします。/每个星期六我都会给妈妈打电话。
- 留学生に中国語を教えます。/教留学生汉语。

动词过去时否定式敬体：「～ませんでした」（动词未然形＋「なかった」＋「です」）。

解　说：第1册第9课"综合解说"对动词过去时进行了解说，也提及过去否定形式的表达方式，本课再次做详细说明。动词过去时否定式敬体，是将助动词「ます」变为「ませんでした」，动词连用形（マス形）＋「ませんでした」，表示讲话之前没有做过某事或没有发生某动作。此外还有「～なかったです」的形式，由"动词未然形＋「なかった」（否定助动词「ない」的过去式）＋后续助动词「です」"构成动词过去时否定式的敬体。后一种用法，在后续解说中还会提到。

用　例：
- その仕事は完成できませんでした。/那个工作没能完成。
- 先週、家に帰りませんでした。/我上周没回家。
- そのチャイムに気づかなかったです。/我没注意到那个门铃（的响声）。

6 お友達はまだ2階の図書室にいますか。

（存在）句型：「～は～にいます/～に（は）～がいます」。

解　说：第1册对存在动词「いる」的用法进行了详细的介绍，存在动词表示"人或动物等生命体的存在"。「は」提示存在的人或动物，「に」前面接地点名词或场所指示代词，表示人或动物存在的场所。该句型意为"（某人或动物）在（某处）"，其否定形式为「～は～に（は）いません」。也可以将存在的场所放在前面，用「～に（は）～がいます」，意为"（某处）有（某人或动物）"，其否定形式为「～に

（は）～はいません」。

用　例：
○A：小林さんは今、どこにいますか。B：家に帰りました。/A：小林现在在哪儿? B：他回家了。
○図書館に金魚がいますよ。/图书馆里有金鱼呢！

7　もうバスに乗って帰りました。

格助词：「に」。
解　说：名词+「に」+动词，表示动作、行为的到达点或动作主体、动作对象存在的场所。「に」的用法看似繁杂，难以区分，但其实只要记住「に」的基本含义是表示某个"点"，并区分「に」前后使用何种意义的单词，就能准确地判断出其用法。

用　例：
○自転車に乗ります。/骑自行车。
○家に着きました。/到家了。

接续助词：「て」。
解　说：先来看看"动词连用形+接续助词「て」"的变化。

我们已经学习了动词分类及其"连用形+「ます」"的活用变化，本课我们发现动词还出现了后续「て」的用法。日语的用言或助动词有词尾的变化，当表示并列、因果、假设等条件时，就需要在某个活用形后面加个助词，这个助词叫「接続助詞/接续助词」。五段动词连用形后续接续助词「て」时，除了少数例外，一般要发生音便；一段动词、サ变动词和カ变动词连用形后续接续助词「て」时与后续「ます」时的变化相同。

动词连用形有两种，分别接续「ます」、「て」/「た」。为了便于区别，也叫「マス形」、「テ形」/「夕形」。以下表格将按照动词的四种分类，对「マス形」和「テ形」两种连用形的活用变化做了详细的介绍与对比（「夕形」留待后续讲解）。

（1）五段动词词尾有9个，即「く」、「ぐ」、「ぬ」、「ぶ」、「む」、「う」、「つ」、「る」、「す」。其后续接续助词「て」、「ては」、「ても」、「たら」、「たり」和助动词「た」时，会发生音便，规律如下。

所属行	词例	连用形（マス形）变化规则：ウ段→同行イ段	连用形（マス形）	连用形（テ形）活用音便种类	连用形（テ形）	比较
カ行	書く	く→き	書き	イ音便	書い	書き+ます 書い+て
ガ行	泳ぐ	ぐ→ぎ	泳ぎ		泳い	泳ぎ+ます 泳い+で（浊音便）
ナ行	死ぬ	ぬ→に	死に	拨音便	死ん	死に+ます 死ん+で（浊音便）
バ行	学ぶ	ぶ→び	学び		学ん	学び+ます 学ん+で（浊音便）
マ行	読む	む→み	読み		読ん	読み+ます 読ん+で（浊音便）
タ行	待つ	つ→ち	待ち	促音便	待っ	待ち+ます 待っ+て
ラ行	降る	る→り	降り		降っ	降り+ます 降っ+て
ワ行	洗う	う→い	洗い		洗っ	洗い+ます 洗っ+て
サ行	話す	す→し	話し	例外动词	話し	話し+ます 話し+て
カ行	行く	く→き	行き		行っ	行き+ます 行っ+て

※1. サ行动词不发生音便。即词尾是「す」时，没有音便，与后续「ます」相同。
　2.「行く」音便时，发生「促音便」，而不是发生「イ音便」。
　　　行く→行き→行って　　行く→行き→行った
　3. 五段动词在接续以辅音［t］开头的助词、助动词，如「て」、「たら」、「たり」、「た」等后都会发生相同的音便，可举一反三。

（2）一段动词、サ变动词、カ变动词变化规律如下：

种类	词例	连用形（マス形）	连用形（テ形）	两种连用形变化规则相同	比较
一段动词	食べる	食べ	食べ	去掉词尾的最后一个假名「る」	食べ+ます 食べ+て
	見る	見	見		見+ます 見+て
サ变动词	する	し	し	将「する」变成「し」	し+ます し+て
	勉強する	勉強し	勉強し		勉強し+ます 勉強し+て
カ变动词	来る	き	き	将「来る」变成「き」	来+ます 来+て

我们还可背诵以下五段、サ变、カ变口诀。下面的画线部分为我们还会陆续学到的语法现象。口诀未必完善，目前亦可不求甚解，先背下来协助我们记忆接续方法。

五段、サ变、カ变口诀

未否あない <u>未意おう</u>、连います或てた。终止连体形不变、<u>假定えば命令え</u>。サ否しない意しよう、假すれば命令せ。カ否こない意こよう、假くれば命こい。

以上口诀解说如下：

五段动词未然否定形是把词尾变成あ段假名，再加「ない」。未然意志形是把词尾变成お段假名，再加「う」。连用形是把词尾变成い段，再加「ます」和"词尾音便+「て」或「た」"。终止形和连体形与动词原形一致，词尾不发生变化。假定形是把词尾变成え段假名，再加「ば」。命令形是把词尾变成え段假名。サ变动词的未然形否定为"「し」+「ない」"，意志为"「し」+「よう」"，假定形为"「すれ」+「ば」"，命令形为「せ」。カ变动词否定为"「来」+「ない」"，意志为"「来」+「よう」"，假定形为"「来れ」+「ば」"，命令形为「来い」。

动词连接式：动词连用形+接续助词「て」。

解　说：接续助词「て」接在动词连用形（テ形）后起着连接前后句的作用。用「て」连接起来的前后句会产生并列、先后、因果等关系，或前者为后者的手段、方法等。

用　例：
- 昨日図書館へ行って本を借りました。/昨天去图书馆借了书。
- 私は歩いて帰ります。/我走着回去。

8　お酒を持って来てください。

句　型：「～てください」。

解　说：由"接续助词「て」+「ください」"构成，表示请求或要求对方做某事。

用　例：
- 本を読んでください。/请读书。

○ 資料を整理してください。/请整理下资料。

9 見ていいですか。

句　型：「～てもいい」。

解　说：用体言或ナ形容词词干＋「でもいい」、イ形容词连用形「く」＋「てもいい」、动词连用形（て形）＋「てもいい」，表示许可、可能、让步、提议等，意为"可以……也行""……也成"。郑重的场合也可用「～てもよろしい」、「～ても大丈夫です」、「～てもかまいません」（「～ていい」是「～てもいい」的口语形式）。

用　例：

○ アルバイトは日曜日でもいいです。/打工安排在周日也行。

○ 味がちょっと淡白でもいいです。/味道可以清淡点。

○ 値段が高くてもいいです。/价格贵点也没关系。

○ このアルバムを見てもいいですか。/可以看一下这本相册吗？

周的读法

周	读音	周	读音	周	读音
1週間	いっしゅうかん	2週間	にしゅうかん	3週間	さんしゅうかん
4週間	よんしゅうかん	5週間	ごしゅうかん	6週間	ろくしゅうかん
7週間	ななしゅうかん	8週間	はっしゅうかん	9週間	きゅうしゅうかん
10週間	じっしゅうかん・じゅっしゅうかん	11週間	じゅういっしゅうかん	12週間	じゅうにしゅうかん
何週間	なんしゅうかん				

(練習)

1. 次の漢字にふりがなをつけてください。

図書室　計画　豚肉　上手　真面目　目標　体重　出張　次　去年

2. 下線部の仮名を漢字に直し、括弧に入れてください。

(1) 花の香りをか(　　)ぎます。
(2) 田中さんは上海へしゅっ(　　)ちょうに行きました。
(3) ゆうじんたく(　　)に遊びに行ってごちそう(　　)になりました。
(4) 兄の彼女の写真をのぞ(　　)きました。
(5) 母は料理が上手です。どうじ(　　)に、ダイエットにもむちゅう(　　)です。
(6) ざんねん(　　)なことに、しっぱい(　　)しました。

3. 下記の動詞を適切な形に直し、空欄を埋めてください。

読む	読みます	読んで
	泳ぎます	
食べる		
	行きます	
待つ		
来る		
		勉強して
学ぶ		

4. ☐の中から適切な語を選んで括弧に記入してください。

ノート　ダイエット　アルバム　バージョン　チャイム　ドア　ページ

(1) この(　　)に名前を書いてください。

(2) 正解は教科書の50(　　)にあります。
(3) (　　)の音を聞いて、(　　)を開けました。
(4) 小林さんは最近、(　　)の本を買いました。
(5) 無料(　　)を使います。
(6) 二人は中学校の(　　)を見て、楽しく話しました。

5. ☐の中から適切な日本語表現を選び、会話文を作ってください。

> お邪魔します。　　　　　　　　　何もないですけど、
> うわー、美味しそう！目の毒ですね！　それはないでしょう。
> はい、いただきます。

(1) A：お茶はいかがですか。
　　B：(　　　　　　　　)
(2) A：(　　　　　　　　)ささやかな気持ちだけです。
　　B：ありがとうございます。
(3) A：(ドアを開けて) どうぞ上がってください。
　　B：(　　　　　　　　)
(4) A：山田さんは先週日本へ留学に行きましたよ。
　　B：(　　　　　　　　)
(5) A：昨日、日本のお寿司を食べました。写真も撮りましたよ。ほら、見て。
　　B：(　　　　　　　　)

6. 例を参考に、文を作ってください。

例1：本を読む→本を読んでください。
(1) 窓を閉める　(2) 暖房の温度を調節する　(3) 宿題を出す

例2：本を読む→本を読んでもいいです。
(4) お酒を飲む　(5) 音楽を聞く　(6) 電話を使う

第2課　ダイエットの話、写真の話

7. A、B、C、Dの4つの選択肢の中から最適なものを選び、文を作ってください。

(1) 今朝、パン_____食べました。
　　A. から　　　　B. が　　　　C. だけ　　　　D. の

(2) 嬉しい_____、弟が先月卒業しました。
　　A. これは　　　B. ここに　　C. ことに　　　D. ことの

(3) 試合の成績_____無関心です。
　　A. の　　　　　B. に　　　　C. と　　　　　D. て

(4) 庭_____かわいい犬_____います。
　　A. に　も　　　B. が　に　　C. も　も　　　D. に　が

(5) 正しい答えをノートに_____ください。
　　A. 書いで　　　　　　　　　B. 書いて
　　C. 書って　　　　　　　　　D. 書んで

(6) 今日は_____ドレスを着ますね。
　　A. きらい　　　　　　　　　B. きれい
　　C. おしゃれな　　　　　　　D. きんちょうな

(7) 花の色は白_____赤_____変わりました。
　　A. から　に　　　　　　　　B. が　に
　　C. から　を　　　　　　　　D. から　て

(8) ここに_____いいですか。
　　A. 座っても　　　　　　　　B. 座っでも
　　C. 座ても　　　　　　　　　D. 座いても

(9) _____好きな料理_____教えてください。
　　A. お　に　　　　　　　　　B. お　を
　　C. ご　に　　　　　　　　　D. ご　を

(10) _____、友達に電話をしました。
　　A. だいたい　　　　　　　　B. そろそろ
　　C. ぜんぜん　　　　　　　　D. たまたま

8. 下記の文を日本語に訳してください。

(1) A：小南还在学校吗？

B：没在，他已经坐公共汽车回去了。

(2) A：可以看看这张照片吗？

B：可以，看吧。

(3) 星期六，妹妹没去游乐场玩。

(4) 我教日本朋友汉语。

(5) 请检查一下作业。

9. 下記の文を中国語に訳してください。

(1) 不思議なことに彼はもうそのことを忘れました。

(2) お祖母さんは毎朝5時に起きて、散歩します。

(3) 会話の内容は仕事から読書に変わりました。

(4) 鈴木さんのことですから、今日はまた遅れますよ。

(5) これはお祖父さんの傘ですよね。

10. 次の文章を読んで、後の問題に対する答えとして、最もよいものをA、B、C、Dから一つ選んでください。

> 山本さんは毎朝6時に起きます。それから歯を磨いて、顔を洗います。7時ごろ、朝ご飯を食べます。その後、30分ぐらい新聞を読みます。8時に学校へ行きます。
>
> 学校は8時30分に始まります。午後4時30分に終わります。山本さんは良くスーパーへ行って、買い物して、家に帰ります。スーパーで飲み物や食べ物などを買います。夜はたいていテレビを見て、11時ごろ寝ます。

(1) 授業は何時ですか。

    A. 8時   B. 8時半   C. 7時   D. 7時半

(2) 山本さんは授業が終わって、良く何をしますか。

    A. 買い物に行きます   B. 新聞を読みます

C. 家に帰ります　　　　　　　　D. 歯を磨きます

(3) 短文の内容に合うものはどれですか。

A. 山本さんは朝1時間ぐらい新聞を読みます

B. 授業は午後5時に終わります

C. 山本さんはテレビをぜんぜん見ません

D. 山本さんは良くスーパーへ買い物に行きます

補充語彙

香り【かおり】	⓪	（名）	芳香，香气
泳ぐ【およぐ】	②	（自五）	游泳；穿行，穿过
学ぶ【まなぶ】	⓪③	（他五）	学习；体验
正解【せいかい】	⓪	（名・他サ）	正解；正确的解答
教科書【きょうかしょ】	③	（名）	教科书，课本
最近【さいきん】	⓪	（名）	最近，近来；最靠近
無料【むりょう】	⓪①	（名）	免费，不要钱；不要报酬
使う【つかう】	③⓪	（他五）	使用；玩弄；花费
ささやか	②	（ナ形）	微小的，细小的；规模小的
寿司【すし】	②①	（名）	寿司
撮る【とる】	①	（他五）	照相，摄影
窓【まど】	①	（名）	窗户
暖房【だんぼう】	⓪	（名・他サ）	室内供暖（设备）；供暖
温度【おんど】	①	（名）	温度
調節【ちょうせつ】	⓪	（他サ・名）	调节
出す【だす】	①	（他五）	上交；拿出，取出
音楽【おんがく】	①⓪	（名）	音乐
今朝【けさ】	①	（名）	今早，今晨
パン【pan】	①	（名）	面包

续表

嬉しい【うれしい】	③	（イ形）	高兴的，快乐的
先月【せんげつ】	①	（名）	上月，上个月
卒業【そつぎょう】	⓪	（他サ・名）	毕业；体验过
成績【せいせき】	⓪	（名）	成绩；成果
無関心【むかんしん】	②	（名・ナ形）	不关心，不感兴趣
庭【にわ】	⓪	（名）	院子，庭院；（农家）场院
赤【あか】	①	（名）	红，红色；分明
教える【おしえる】	⓪	（他一）	教，教授；教诲
中国語【ちゅうごくご】	⓪	（名）	汉语
散歩【さんぽ】	⓪	（自サ・名）	散步
遅れる【おくれる】	⓪	（自一）	迟到，耽误；落后
傘【かさ】	①	（名）	伞
磨く【みがく】	⓪	（他五）	刷净，擦亮
顔【かお】	⓪	（名）	脸；表情，神情
朝【あさ】	①	（名）	早上，早晨
ご飯【ごはん】	①	（名）	饭
ぐらい	⓪	（副助）	（表示大体的数量、程度）大约，左右；（表示比较）像……那样
新聞【しんぶん】	⓪	（名）	报纸
始まる【はじまる】	⓪	（自五）	开始；起因，引起
終わる【おわる】	⓪	（自五）	完，终了，结束；告终
スーパー【super】	①	（名）	（「スーパーマーケット【supermarket】⑤」的缩略语）超市
飲み物【のみもの】	③②	（名）	饮料
食べ物【たべもの】	③②	（名）	食物

「美味(おい)しそう」

当作惯用表达记忆,用法同ナ形容词,还原为「美味(おい)しそうだ(美味(おい)しそうです)」。修饰体言时用「美味(おい)しそうな」的形式。表示虽然没有真正吃到嘴里,但给人以一种吃起来一定很美味的感觉。可以是通过看、闻、听说等途径感知到的,是表示对食品赞美的套语,意为"(看上去/闻起来/听起来)很好吃的样子"。例如:

A:わあ、美味(おい)しそうな魚(さかな)!B:ええ、その魚(さかな)は美味(おい)しそうですね。/
A:哇,好香的鱼!B:是啊。这鱼让人垂涎欲滴呀!

「目(め)の毒(どく)」

惯用句,用于表现想要得不得了,甚至让心情都受到影响的事物,意为"看得见却得不到的好东西;鼻尖上的肉,看得见,吃不着;眼馋"。

第 3 課

日本語の勉強法

　　本课包含两个短剧。在第一个短剧中，小张因把公元年历与地球的历史混淆而闹笑话。在第二个短剧中，小张没听懂女服务员的敬语（服务员问的是吃完了寿司的盘子，小张听成问自己住在哪儿）而做出牛头不对马嘴的回答。

　　旋转寿司店是以装寿司的盘子来计算价格的。明白这个小知识，就能看懂第二个短剧的笑点了。

　　本课重点学习动词持续体。

要点

1. 助词「に」。
2. 句型「～ています(动词持续体)」、「～のこと」、「～てから、～」、""「お」＋动词连用形（マス形）"以及动词过去时常体。
3. 连语「によれば/によると」和传闻助动词「～そうだ」。
4. 转成名词和口语强调形式「～っ」。
5. 单词「向こう」的特定含义。

核心句型会话
（核心文型会話）

❶ A：綺麗なお皿！
　B：私達はこれを雑技にも使っていますよ。

❷ A：休みは一週間に一度ですね。じゃ、夏休みはいつですか。
　B：先生の話によれば、16週間の授業が終わってからだそうです。

❸ A：旅行のことですね。行きはバスで帰りは地下鉄ですか。
　B：そうだそうです。あっ、そこのアイスクリーム、早くお食べ。

❹ A：向こうから来た張さんの話によると、木下さんはお寿司を５０個も食べたそうです。
　B：凄っ！

第3課　日本語の勉強法

新出単語

勉強法【べんきょうほう】	⓪	（名）	学习方法
法【ほう】	⓪	（名）	方法，做法
皿【さら】		（接尾・名）	碟，盘
雑技【ざつぎ】	①	（名）	杂技
使う【つかう】	⓪	（他五）	使用，用；花费
週間【しゅうかん】		（接尾）	……周（的时间）
夏休み【なつやすみ】	③	（名）	暑假
によれば【に依れば】		（慣）	依照，据说
終わる【おわる】	⓪	（自他五）	完，结束
そうだ		（助動）	据说，听说
行き【ゆき・いき】	⓪	（名）	去，往
帰り【かえり】	③	（名）	回来，回去
地下鉄【ちかてつ】	⓪	（名）	地铁
アイスクリーム【ice cream】	⑤	（名）	冰激凌，雪糕
早く【はやく】	①	（副・名）	快，快速；早，早就
向こう【むこう】	②⓪	（名）	对面（的国度）；那边
によると【に依ると】		（慣）	依照，据说
寿司【すし】	②①	（名）	寿司
個【こ】		（接尾）	个

日本語の勉強法

　日本語の勉強法はいろいろあります。

　例えば、舞台に上がり、寸劇を演じる、これも、一つの勉強法です。

私は寸劇が好きです。台詞を良く覚え、繰り返し練習します。そして、それを日常会話にも使います。

この教科書の会話も、ほとんど寸劇ですね。私達は決めました。教科書から会話を一つ選んでリハーサルし、今度の学園祭にそれを出します。

新出単語

いろいろ【色々】	⓪	（副・名・ナ形）→	很多；各种各样的
例えば【たとえば】	②	（副）→	例如，比如
舞台【ぶたい】	①	（名）	舞台
寸劇【すんげき】	⓪	（名）	短剧
演じる【えんじる】	③⓪	（他一）→	扮演
台詞【せりふ】	⓪	（名）	台词
覚える【おぼえる】	③	（他一）→	记得，记住
繰り返し【くりかえし】	⓪	（名）→	反复，重复
練習【れんしゅう】	⓪	（他サ・名）	练习
日常会話【にちじょうかいわ】	⑤	（名）	日常会话
教科書【きょうかしょ】	③	（名）	教科书，课本
ほとんど	②	（副）→	大部分，几乎
決める【きめる】	③⓪	（他一）→	决定
選ぶ【えらぶ】	②	（他五）→	选择
リハーサル【rehearsal】	②	（他サ・名）	排练，彩排
学園祭【がくえんさい】	⓪	（名）	校园文化节
出す【だす】	①	（他五）→	拿出，提交

基礎会話(基礎会話)

寸劇と会話

ユニット1 地球の歴史

先生：音楽がフェードアウトしてから、幕が徐々に上がります。張さんは、椅子に座って、新聞を読んでいます。

張：はい。

先生：張さんが新聞を閉じてから、王さんが舞台に出ます。

王：はい。

先生：じゃ、始めますよ。用意、スタート！

王：大変だー、大変だー！

張：どうしましたか。

王：もうすぐ、大接近ですよ。

張：大接近？何の大接近ですか。

王：惑星のです。なんと6万年に一度の大接近だそうです！

張：えぇ〜、6万年に一度？！

王：そうなんですよ。6万年です。めっちゃ凄いでしょう。やはり宇宙は途方もなく大きくて広いですね。

張：でも、なんか変ですね。地球の歴史は6万年もないでしょう。

王（おう）：え？なんで？

張（ちょう）：だって、今年（ことし）はまだ、2022年（にせんにじゅうにねん）でしょ？

新出単語（しんしゅつたんご）

地球【ちきゅう】	⓪	（名）	地球
歴史【れきし】	⓪	（名）	历史
音楽【おんがく】	①⓪	（名）	音乐
フェードアウト【fadeout】	④	（自サ・名）	淡出，逐渐消失；（电影、电视）渐隐，渐近
幕【まく】	②	（名）	幕，帷幕
徐々に【じょじょに】	①	（副）	慢慢地
新聞【しんぶん】	⓪	（名）	报纸
閉じる【とじる】	②	（自他一）	关闭，合；结束
始める【はじめる】	④⓪	（他一）	开始
用意【ようい】	①	（自他サ・名）	准备
スタート【start】	②	（名・自サ）	开始，出发
接近【せっきん】	⓪	（名・自サ）	接近，靠近
惑星【わくせい】	⓪	（名）	行星
なんと	①	（副・感）	竟然，多么，何等
万年【まんねん】		（接尾）	万年
めっちゃ	①	（副）	（「めちゃくちゃ」的口语）非常
やはり	②	（副）	毕竟还是；果然；依然，仍然
宇宙【うちゅう】		（名）	宇宙
途方もない【とほうもない】		（慣）	极度惊人的，出奇的；毫无道理的
なんか	①	（副）	总觉得，似乎有点
なんで	①	（副）	为什么
だって	①	（接）	（口语）因为；但是，话虽如此

ユニット2　回転寿司屋

張：回転寿司ですけど、私のおごりです。遠慮なくどうぞ。

栗栖：張さん、珍しく気前がいいですね。

周：噂によると、張さんはボーナスをたくさんもらったそうですね。

張：いえいえ。たくさんはうそですよ。ちょっとだけです。…はい、周さん、早くお座り。

栗栖：「お座り」は失礼ですね。その次は「お手」ですか。

張：ダメですか。

栗栖：ダメです。周さんは犬じゃないですから。

張：ああ、すみません。…どうぞ、お掛けください。

周：もう、座っています。ほら、箸も持っていますよ。

張：あ、そうですか。早いですね。

周：ふふ、お腹が空いていますから。

栗栖：美味しそうですね。じゃ、いただきまーす。

周：いただきまーす。

（食べ終わって）

周：もうお腹がパンパンです。ご馳走様。

栗栖：お寿司を何皿食べましたか。

周：20皿でした。

張：凄っ！…すみませーん！

ウエイトレス：はーい…。こちらお済みですか。

張：え？…いいえ、こちらに住んでいませんよ。向こうに住んでいますけど。

栗栖：違う、違う。お皿のことですよ、お皿。

新出単語

回転寿司【かいてんずし】	③⑤	（名）	旋转寿司
屋【や】		（接尾・名）	店，铺；屋子
おごり【奢り】	⓪	（名）	请客，做东
遠慮なく【えんりょなく】		（慣）	（连语作副词用）无须客气地
珍しい【めずらしい】	④	（イ形）	少有的，罕见的；稀奇的
気前【きまえ】	⓪	（名）	气度，大方
気前がいい【きまえがいい】		（慣）	气度大，大方，慷慨
周【しゅう】	①	（固）	（姓）周
噂【うわさ】	⓪	（名）	传闻，谣传
ボーナス【bonus】	①	（名）	奖金；红利
もらう【貰う】	⓪	（他五）	得到，取得；买；要
いえいえ	⓪	（感）	没有没有，不是不是
手【て】	①	（名）	手，胳膊
犬【いぬ】	②	（名）	犬，狗
箸【はし】	①	（名）	筷子
早い【はやい】	②	（イ形）	早的
ふふ	②	（感）	抿嘴笑的声音
お腹【おなか】	⓪	（名）	腹部，肚子；肠胃
空く【すく】	⓪	（自五）	空，饿
お腹が空く【おなかがすく】		（慣）	肚子饿
食べ終わる【たべおわる】	⓪	（自他五）	吃完

第3課　日本語の勉強法　057

续表

パンパン	⓪	（ナ形・副）	肚子鼓起来（的状态）；砰砰响
ウエイトレス【waitress】	②	（名）	女服务员，女侍者（也发音作「ウエートレス」）
済む【すむ】	①	（自五）	结束；解决
住む【すむ】	①	（自五）	居住；栖息，生存

お誕生日はいつでしたか

A: お誕生日はいつでしたか。

B: 2月20日です。20歳の誕生日です。バースデーケーキもない寂しい誕生日でしたよ。

A: 先週でしたか。もう遅くなりましたが、お誕生日おめでとうございます。

B: ありがとうございます。

新出単語

誕生日【たんじょうび】	③	（名）	生日，生辰
月【がつ】		（接尾）	……月
20歳【はたち】	①	（名）	二十岁
バースデー【birthday】	①	（名）	生日
寂しい【さびしい・淋しい】	③	（イ形）	寂寞的，孤寂的；荒凉的
お誕生日おめでとうございます【おたんじょうびおめでとうございます】		（慣）	生日快乐

综合解说（そうごうかいせつ）

1 これを雑技（ざつぎ）にも使（つか）っていますよ。

格助词：「に」。

解　说：接在体言后，后接「使う」、「買う」、「あげる」、「持って行く」等动词，表示用途或目的，意为"作为……"。参考本册第1课"综合解说"中句型「～へ～を～に行きます（来ます）」。

用　例：
○ 記念（きねん）に写真（しゃしん）を撮（と）りました。／拍照留念。
○ お土産（みやげ）に上海（シャンハイ）ガニを買（か）いました。／买了大闸蟹作为礼物。

句　型：「～ています（动词持续体）」。

解　说：由"动词连用形（テ形）＋补助动词「いる」"构成（按照一段动词进行活用）。常体为「～ている」，现在时是「～ています」，过去时是「～ていました」，现在否定式是「～ていません」，过去否定式是「～ていませんでした」。

日语动词可分为"持续性动词""瞬间性动词""状态性动词"等。"持续性动词"是指只要时间、条件允许，该动作就可以一直进行下去，如「読（よ）む」、「食（た）べる」等；"瞬间性动词"是指在很短时间内就可以完成的动作，如「着（き）る」、「起（お）きる」等；"状态性动词"是表示描述事物状态的动词，如「込（こ）む」、「痩（や）せる」等。

（1）接在持续性动词后，表示正在进行的动作。

用　例：
○ 王（おう）さんは本（ほん）を読（よ）んでいます。／小王正在看书。

（2）接在持续性动词后，表示经常反复进行的行为。

用　例：
○ 週（しゅう）に1回（いっかい）日本語（にほんご）の講座（こうざ）を聞（き）いています。／我每星期听一次日语讲座。

(3) 接在瞬间性动词后，表示动作造成的状态（动作结果的存续）。

用　例：

○ 木村さんは去年、中国に来ていました。/木村是去年来中国的。

(4) 接在状态性动词后，表示事物的恒常状态。

用　例：

○ 兄は痩せています。/我哥很瘦。

2 休みは一週間に一度ですね。

格助词：「に」。

解　说：接在表示数量含义的词之间，表示比例、频率、分配基准等，意为"每……"。

用　例：

○ 週に2回会話の授業をします。/每周上两次口语课。

○ イチゴは1人に5つです。/1人5个草莓。

3 先生の話によれば、16週間の授業が終わってからだそうです。

连　语：「によれば」。

解　说：表示从某处获知的某种判断的根据、基准或理由。也可以说「～(の話)では」、「～によると/よりますと」，常与传闻助动词「そうだ」呼应，构成句型「～によれば/(の話)では/によると～そうだ」。

句　型：「～てから、～」。

解　说：由接续助词「て」与格助词「から」构成的复合助词，接在动词或动词型活用词连用形（テ形）后，表示一个动作完成之后紧接着做另外一个动作。比"动词连用形（テ形）+「て」"的前后关系更紧凑，意为"……然后、以后"。

用　例：

○ 宿題をしてから遊んでください。/请做完作业后再玩。

○ 家に帰ってから何をしますか。/回家后干些什么呢？

传闻助动词：「そうだ」。

解　说：ナ形容词型助动词，接在句子常体之后，表示该信息不是自己直接获得的，而是间接听说的，意为"听说，据说"。常与「～（の話)では」、「～によれば」、「～によると／よりますと」等呼应，表明传闻的出处。

用　例：

○ クリスマスには皆さんにプレゼントがあるそうです。／据说圣诞节有礼物给大家。

○ 李さんは英語の先生だそうです。／听说小李是英语老师。

○ 天気予報によると／よれば、明日は晴れるそうです。／天气预报说明天是晴天。

○ 李さんの話によると、あの店のラーメンは美味しくないそうです。／听小李说那家店的拉面不好吃。

4 旅行のことですね。行きはバスで帰りは地下鉄ですか。

句　型：「～のこと」。

解　说：表示与前面的名词或句子关联的事物，意为"与……有关之事"。

用　例：

○ 僕のことですか。心配しないでください。／我的事吗？请别担心。

○ 明日のことは明日に考えます。／明天的事明天想。

○ 今後のことは、御願いします。／以后的事就拜托了。

转成名词：「行き」。

解　说：原形为动词「行く」。不少动词的连用形（マス形）可直接独立出来作为名词使用，语法上称为「転成名詞」或「名詞化した動詞連用形の独立的用法」，说得更通俗些，就是"动词的名词化"。理解这一点对于日语学习者极为重要。因为这是一种一旦掌握就能轻而易举地、大量地扩展单词量的方法。简而言之，我们只要把已经学会的动词变成连用形（マス形），就可将其作为名词使用。如「おごる→おごり、考え

る→考え、読む→読み」等。熟练掌握名词化动词连用形（マス形）的独立用法之后，甚至还可以进一步用它组成或协助自己记住形形色色的复合词，如「魚釣り」（钓鱼）、「買い物」（购物）、「売り上げ」（销售）、「ぐるぐる巻き」（缠绕）、「きりきり舞い」（忙乱）、「夜遊び」（夜游），以及复合动词「勝ち誇る」（得胜骄傲）、「逃げ延びる」（远逃）、「思い出す」（想起）等。如此轻松便捷地增加词汇量的方法，岂有不掌握之理！

用　例：

○ 行きは歩きで、帰りはタクシーでした。/去走路，回打的。
○ 夜遊びが好きで困ります。/喜欢夜不归宿，真头疼。
○ 読みが深いですね。/读透了背后的含义呀！
○ あなたの考えは、ちょっと甘いですね。/你的想法有些天真呐。
○ 餃子作り、もう終わり？じゃ、全部もーらい！わいわい、これはいい思い出ですね！/包饺子，已经完了？那么我全部要了。耶！这可是个美好的回忆哦！

5 そこのアイスクリーム、早くお食べ。

句　型：「お」＋动词连用形（マス形）。

解　说：日语敬语体系中的一个表达，由表示尊敬、谦让或美化的敬语接头词"「お」＋动词连用形（マス形，转成名词）"构成（也可看作"「お」＋动词连用形（マス形，转成名词）＋「ください」"的省略形式），表示尊敬或文雅（如「お済み/结束」、「お出で/请光临」）。现在不少表达已成为日常习惯用语，敬意度大大降低，仅仅表示客气（「お帰り/（你）回来了」、「お食べ/吃吧」）甚至较为随意的使唤（如对动物：「お座り/坐下」）。

6 向こうから来た張さんの話によると、木下さんはお寿司を50個も食べたそうです。

名　　詞：「向こう」。

解　　说：「向こう」在这里有两个意思：一个是"对面的"，一个是"对面的国度"。在这句话中多指「向こうの国/对面的国度」，即"中国"。此外，日本人单独说「国」的时候，往往指的并非是"国家"，而是"地域"（如「北の国/北方的土地」）或"故乡"（如「国へ帰ります/回乡，回老家」）。「向こう」和「国」这两个词汇，往往成为跨文化交流中的"障碍词"，我们要根据上下文来理解。

用　　例：

○ A：向こうから来ましたね。B：違います。北の国から来ました。/A：是从对面（中国）来的吧。B：不是，是从北边（北海道方向）来的。

○ 趙さんはいつ向こうに帰りますか。/小赵何时回（中国）去呢？

动词过去时常体：「来た」。

解　　说：表示该动词的动作已成为过去，在句子中构成一个完整的短句作为修饰语用，即用「向こうから来た」修饰「張さん」。「来た」的构成与动词连用形（テ形）的变化规律一致。如：

行く→行って→行った　　　　読む→読んで→読んだ

食べる→食べて→食べた　　　する→して→した

来る→来て→来た

7 凄っ！

口语强调形式：「～っ」。

解　　说：口语中表示强调时，一些感叹词、动词后也会添加促音符号。此外，一些イ形容词的词尾「い」会被转化成促音，这种现象在日语中叫作「イ落ち」。

用　　例：

○ 凄っ！手作り！/了不起，纯手工的！

○ うわっ！寒っ！/哇，好冷啊！

月的读法

月	读音	月	读音	月	读音
1月	いちがつ	2月	にがつ	3月	さんがつ
4月	しがつ	5月	ごがつ	6月	ろくがつ
7月	しちがつ・ななかつ	8月	はちがつ	9月	くがつ
10月	じゅうがつ	11月	じゅういちがつ	12月	じゅうにがつ
何月	なんがつ				

1. 次の漢字にふりがなをつけてください。

使う　話　食べ終わる　上がる　繰り返し　噂
住む　広い　奢り　貰う　早い　済む　寂しい

2. 下線部の仮名を漢字に直し、括弧に入れてください。

(1) 去年から日本語の勉強をはじ（　　）めました。

(2) 夏休みにどこに行くかき（　　）めましたか。

(3) この中から好きなものを一つえら（　　）んでください。

(4) 私はがくえんさい（　　）のすんげき（　　）のせりふ（　　）をおぼ（　　）えています。

(5) 鞄の中から財布をだ（　　）しました。

(6) 本をと（　　）じて寝ました。

(7) おなか（　　）がとてもす（　　）いていましたから、たくさん食べま

した。
(8) 誕生日に<u>めずら</u>(　)しいプレゼントをもらいました。

3. ☐の中から適切な外来語を選び、括弧に記入してください。

> アイスクリーム　　リハーサル　　スタート　　ウエイトレス
> ボーナス　　　　　バースデー

(1) 私は(　)が大好きです。
(2) これは今年の(　)パーティーの写真ですか。見ていいですか。
(3) 初めての(　)を旅行に使いました。
(4) このレストランは(　)を募集しています。
(5) 結婚して新生活が(　)します。
(6) 週に2回(　)しています。

4. 例を参考に、文を作ってください。
例:(　)は、電車です。(行く)→(行き)は電車です。
(1) お(　)はいつですか。(帰る)
(2) この小説の(　)の部分はちょっとおかしいですね。(終わる)
(3) この物語の(　)は面白いですね。(始まる)
(4) どんな(　)が好きですか。(遊ぶ)
(5) 車がありません。今日は(　)です。(歩く)

5. 例を参考に、☐の中から適切な語を選び、適切な形で文を作ってください。

> 覚える　　閉じる　　選ぶ　　使う　　住む　　行く

例: 私は北京へ(行きます)。
(1) 私達は授業中良く日本語を(　)。
(2) 私は日本語の辞書を(　)でいます。

(3) 両親はずっと田舎に（　　）でいます。

(4) 部屋に入ってから傘を（　　）。

(5) 子供の頃のことはほとんど（　　）。

6. 例を参考に、文を作ってください。

例：北京へ行く→北京へ行きます。→北京へ行きました。→北京へ行った

(1) 舞台に上がる

(2) 寮に帰る

(3) 会話を練習する

(4) 課長に話す

(5) 母が国から来る

(6) 10時ごろ寝る

7. 例を参考に、文を作ってください。

例1：天気予報によると、明日は(雨です→雨だ)そうです。

(1) 来月、大学院の入学試験が(あります→　　　　)そうです。

(2) 王さんは夏休みに国へ(帰りました→　　　　)そうです。

(3) 趙さんは今年旅行に(行きません→　　　　)そうです。

例2：王さんは本を(読みます→読んでいます)。

(4) 今ホテルに(着きます→　　　　)。

(5) 毎日いろいろなことが(起きます→　　　　)。

(6) 母は今料理を(作ります→　　　　)。

8. A、B、C、Dの4つの選択肢の中から最適なものを選び、文を作ってください。

(1) 李さんは去年の誕生日に大きなバースデーケーキを＿＿＿そうです。
　　A. もらう　　　　　　　　　　B. もらいます
　　C. もらった　　　　　　　　　D. もらいました

(2) ピアノの練習は一日＿＿＿一時間です。

A. を　　　　B. で　　　　C. に　　　　D. が

(3) さっき母に電話しました。母の話によると、国は朝から大雨が_____そうです。

　　A. 降っている　　B. 降っていた　　C. 降ります　　D. 降りました

(4) これは_____使いますか。

　　A. 何を　　B. 何に　　C. 何で　　D. 何も

(5) 皆その秘密を_____。

　　A. 知っています　　　　B. 知ります
　　C. 分かっています　　　D. 分かります

(6) 昨日映画を見てから_____。

　　A. 雨が降ります　　　　B. 雨が降りました
　　C. 友達と一緒に食事をします　　D. 友達と一緒に食事をしました

(7) いろいろ見ましたけれど_____これが一番好きです。

　　A. とても　　B. やはり　　C. ほとんど　　D. 大変

(8) どうぞ_____お食べ。

　　A. ご馳走様　　　　B. 遠慮なく
　　C. いただきます　　D. 失礼なことに

(9) この料理の味は_____変ですね。

　　A. なんか　　B. なんで　　C. なんと　　D. なにか

(10) この工事は_____完成しています。

　　A. いろいろ　　B. めちゃくちゃ　C. やはり　　D. ほとんど

9. 下記の文を日本語に訳してください。

(1) 哇！好冷啊！啊？窗户开着呢？
(2) 哥哥现在没听音乐，在学习。
(3) 听说你哥哥每周看一次电影。是真的吗？
(4) 听说小李最近经常去图书馆借书。
(5) 爸爸每天早晨喝完茶之后去上班。

10. 下記の文を中国語に訳してください。

(1) 良く考えてから答えてください。

(2) 今朝は、コンビニで買物をしてから学校に来ました。

(3) 田中先生は年に一回海外旅行をしているそうです。

(4) 先生の話によると、王さんは卒業してから日本へ留学に行ったそうです。

(5) 天気予報によると、明日は台風が来るそうですから、パンとか牛乳とかたくさん買いました。

補充語彙

財布【さいふ】	⓪	（名）	钱包
パーティー【party】	①	（名）	聚会，派对；小组
初めて【はじめて】	②	（副）	第一次，头一回
旅行【りょこう】	⓪	（名・自サ）	旅行，旅游
レストラン【restaurant】	①	（名）	餐厅，西餐厅
募集【ぼしゅう】	⓪	（他サ・名）	募集，征募，招募
結婚【けっこん】	⓪	（自サ・名）	结婚
新生活【しんせいかつ】	③	（名）	新生活
小説【しょうせつ】	⓪	（名）	小说
部分【ぶぶん】	①	（名）	部分
面白い【おもしろい】	④	（イ形）	有趣的；愉快的；新奇的
車【くるま】	⓪	（名）	车，汽车；车轮
授業中【じゅぎょうちゅう】	⓪	（慣）	上课的时候，上课期间
両親【りょうしん】	①	（名）	父母，双亲
ずっと	③⓪	（副）	一直；远远；……得多
田舎【いなか】	⓪	（名）	农村，乡下；故乡
入る【はいる】	①	（自五）	进入；含有；加入
頃【ころ】	①	（名）	时候，时期，季节
課長【かちょう】	⓪	（名）	科长
天気予報【てんきよほう】	④	（名）	天气预报

续表

来月【らいげつ】	①	(名)	下个月，下月
大学院【だいがくいん】	④	(名)	（大学）研究生院
毎日【まいにち】	①	(名)	每天，每日，天天
起きる【おきる】	②	(自一)	发生，出事
ホテル【hotel】	①	(名)	酒店，宾馆，旅馆
着く【つく】	①	(自五)	到达，抵达，够着
一時間【いちじかん】	③	(名)	一个小时
皆【みんな】	③	(代・副)	全体，大家；全部
秘密【ひみつ】	⓪	(名・ナ形)	秘密，机密
食事【しょくじ】	⓪	(名・自サ)	饭，食物；吃饭
工事【こうじ】	①	(名・他サ)	工程，施工
完成【かんせい】	⓪	(他サ・名)	完成，完工，竣工
考える【かんがえる】	③	(他一)	考虑，斟酌；想
コンビニ	⓪	(名)	（「コンビニエンスストア【convenience store】⑨」的缩略语）便利店，24小时店
海外【かいがい】	①	(名)	海外，国外
台風【たいふう】	③	(名)	台风

第 4 课

勘違い

　　小张在英语课上睡懒觉，下了课也继续梦周公，结果在下一节日语课上被老师提问。懵懂之间，小张还以为在上英语课，把老师提问的「暗中模索」听成了英语的"Aren't you Mosaku?"，结果回答得文不对题。

　　本课最重要的语法现象依然是动词持续体「～ている」。由于汉语中持续是用"（正）在""中"等词来表现的，所以受母语干扰，初学者常常会在想要表现持续的时候误用动词的终止形或过去时，如把「働いています」说成「働きます」或「働きました」。因此，动词持续体是日语教师需要特别注重并反复强调的语法之一。

要点

1. 助詞「まで」、「か」、「で」，以及イ形容詞过去时肯定式。
2. 句型「〜ていました」、「〜のです」、「〜なくても大丈夫/いいです」、「〜を〜に」。

核心句型会话
（核心文型会話）

① A：昨夜から今まで、仕事をしています。終わってからまた、明日の準備をしますけど。

B：でも、一昨日も遅かったでしょう。何時に寝たのですか。

A：1時か2時だったでしょう。

B：体に悪いですから、今日早く休んでください。

② A：8時から21時まで頑張っていますから、たぶん土曜日か日曜日にはできるでしょう。

B：でも、週末は休まなくても大丈夫ですか。

③ A：まだ読んでいますか。後何分で終わりますか。

B：後5ページですから、10分で終わりますよ。

④ A：千円で魚を3匹買いましたよ。

B：それをどんな料理にしますか。

新出単語

勘違い【かんちがい】	③	（名・自サ）→	错认；误会，误解
昨夜【さくや・ゆうべ】	②⓪③	（名）→	昨晚，昨夜
準備【じゅんび】	①	（名・他サ）	准备，预备
一昨日【おととい】	③	（名）→	前天
体【からだ】	⓪	（名）	身体
悪い【わるい】	②	（イ形）	不好的，坏的
体に悪い【からだにわるい】		（慣）→	对身体不好
頑張る【がんばる】	③	（自五）→	拼命努力，加油
できる【出来る】	②	（自一）→	做完，做好；能够
週末【しゅうまつ】	⓪	（名）	周末
何分【なんぷん】	①	（名）	几分钟，多少分钟
10分【じゅっぷん・じっぷん】	①	（名）	十分钟
円【えん】		（接尾・名）	日元
匹【ひき・びき・ぴき】		（接尾）	条，尾，只

课文
（本文（ほんぶん））

夜中の2時まで起きていました

張さんは昨夜、パソコンゲームをして夜中の2時まで起きていました。ですから、英語の授業中、居眠りをしていました。英語の授業が終わってからも目が覚めなくて、次の国語の授業も気持ち良く寝ていました。

新出単語

夜中【よなか】	③	（名）	半夜
起きる【おきる】	②	（自一）	不睡；起床
パソコン	⓪	（名）	（「パーソナルコンピューター【personal computer】⑧」的缩略语）个人电脑
ゲーム【game】	①	（名）	游戏；比赛
ですから	①	（接）	因此，所以
居眠り【いねむり】	③	（名・自サ）	瞌睡，打盹儿
覚める【さめる】	②	（自一）	醒；醒悟
目が覚める【めがさめる】		（慣）	睡醒；醒悟
国語【こくご】	⓪	（名）	国语，语文
気持ちいい【きもちいい】	④	（イ形）	舒服的，舒适的（由「気持ちがいい」构成）

基础会话
（基礎会話（きそかいわ））

ユニット1　ほっときます

登場人物（とうじょうじんぶつ）：張（ちょう）（男性（だんせい））　周（しゅう）（女性（じょせい））　先生（せんせい）1　学習委員（がくしゅういいん）（女性（じょせい））　栗栖（くりす）（男性（だんせい））

張（ちょう）：ああ、眠（ねむ）たい…。

周（しゅう）：昨夜（ゆうべ）、遅（おそ）かったでしょう。

張（ちょう）：そうです。パソコンゲームをしていました。

周（しゅう）：それはダメですね。何時（なんじ）に寝（ね）たのですか。

張（ちょう）：さあ、何時（なんじ）だったでしょう。

周（しゅう）：覚（おぼ）えていないんですか。

張（ちょう）：忘（わす）れました。たぶん、1時（いちじ）か2時（にじ）だったでしょう。ああ…。（欠伸（あくび））

周：英語の授業を聞かなくても大丈夫ですか。
張：大丈夫、大丈夫。これでもちゃんと予習もしたんですから。(グー、グー)
先生1：今日の授業はこれで終わります。
学習委員：起立。
一同：先生、ありがとうございました!
先生1：はい(お辞儀)。
栗栖：張さんはまだ寝ていますね。起こさなくてもいいのですか。もうすぐ国語の授業が始まりますよ。
周：そうですか。まあ、ほっときます。

新出単語

ほっとく	⓪③	(他五)	(由「放って置く」変化而来)置之不理,放下不做
眠たい【ねむたい】	③⓪	(イ形)	困的,困倦的
さあ	①	(感)	(表示难以判断)呀;(表示劝诱或催促)喂
欠伸【あくび】	⓪	(名)	哈欠
ちゃんと	③⓪	(副)	好好地;规规矩矩地
予習【よしゅう】	⓪	(名・他サ)	预习
グー	①	(副)	呼噜声
学習委員【がくしゅういいん】	⑤	(名)	学习委员
起立【きりつ】	⓪	(名・自サ)	起立,站起来
一同【いちどう】	②③	(名)	大家,全体
お辞儀【おじぎ】	⓪	(名・自サ)	鞠躬,行礼
起こす【おこす】	②	(他五)	叫醒;引起
まあ	①	(副・感)	(劝阻对方时)暂且,先;(表示感叹)哎哟

ユニット2　モサクさんは誰ですか

登場人物：学習委員(女性)　先生2　栗栖(男性)　周(女性)　張(男性)

学習委員：起立。礼。

先生2：はい、皆さん、今からまず、慣用句や諺の復習をします。栗栖君から。

栗栖：はい。

先生2：「阿吽の呼吸」で文を一つ作ってください。

栗栖：ええと、「もう長い付き合いですから、大抵のことは阿吽の呼吸で分かります」

先生2：オーケーです。じゃ、次の人。周さん。

周：はい。

先生2：「足が速い」で例文を作ってください。

周：そうですね。「夏は食べ物の足が速いですから食中毒に気を付けてください」、「新発売の文具ですから、足が早いですよ」

先生2：これもいいできですね。じゃ、次、張君…。おい、張君！

周：張さん、先生が呼んでいますよ。

張：あっ、はい。

先生2：「暗中模索」を易しい日本語にしてください。

張：はい。「Aren't you Mosaku? …あなたはモサクさんではないですか。」

周：違う、違う！今は英語の授業じゃありませんよ。

新出単語

礼【れい】	①	（名）	行礼，鞠躬
慣用句【かんようく】	③	（名）	慣用（短）语
諺【ことわざ】	⓪④	（名）	谚语，俗语
復習【ふくしゅう】	⓪	（名・他サ）	复习
阿吽の呼吸【あうんのこきゅう】		（慣）	（「阿」是张嘴时发出的声音，「吽」是闭嘴时发出的声音，以此用「阿吽」来指代"呼气""吸气"）心领神会，性情相合
文【ぶん】	①	（名）	句子；文章
作る【つくる】	②	（他五）	写；作；造
付き合い【つきあい】	③⓪	（名）	交往，交际
大抵【たいてい】	⓪	（名・副・ナ形）	大部分，大都；适度
オーケー【OK】	①③	（感・名）	好，行；同意
人【ひと】	⓪②	（名）	人；别人
足【あし】	②	（名）	脚步；脚
足が速い【あしがはやい】		（慣）	（食品）易腐烂；走得快；（商品）畅销
速い【はやい】	②	（イ形）	快的
例文【れいぶん】	⓪	（名）	例句
夏【なつ】	②	（名）	夏天，夏季
食中毒【しょくちゅうどく】	③	（名）	食物中毒
気【き】	⓪	（名）	精神；气质；空气
付ける【つける】	②	（他一）	装饰；附加；记入
気を付ける【きをつける】		（慣）	小心，注意（注意的对象用格助词「に」表示）
新発売【しんはつばい】	③	（名）	发售新产品
文具【ぶんぐ】	①	（名）	文具
でき【出来】	⓪	（名）	质量；结果；成绩

续表

おい	①	（感）	喂
呼ぶ【よぶ】	⓪	（他五）→	呼唤，呼喊；叫作
暗中模索【あんちゅうもさく】	⓪⑤	（名・他サ）	暗中摸索
易しい【やさしい】	⓪③	（イ形）→	简单的，容易的；易懂的

道を聞きます

A：すみません。ちょっとお聞きしていいですか。
B：はい、どうぞ。
A：郵便局はどこですか。
B：ああ、郵便局ですね。まっすぐ行って、右へ曲がって、左手にあります。
A：ありがとうございました。

新出単語

道【みち】	⓪	（名）→	路，道路
ちょっとお聞きしていいですか【ちょっとおききしていいですか】		（慣）→	向您打听一下，请问
郵便局【ゆうびんきょく】	③	（名）	邮局
まっすぐ【真っ直ぐ】	③	（副・名・ナ形）→	一直
右【みぎ】	⓪	（名）→	右，右边
曲がる【まがる】	③⓪	（自五）→	转弯
左手【ひだりて】	⓪	（名）→	左手

综合解说(綜合解説)

1 昨夜から今まで、仕事をしています。

副助词:「まで」。

解 说:接在表示时间、空间的体言、助词等后,表示动作、作用的终点,意为"到……",可以用「までです」的形式结句,也可用"「まで」+持续性动词"的形式,表示动作作用所涉及的范围或终点。有的教科书也将「まで」作为格助词分类。

用 例:
○ 休みは金曜日までです。/休息到星期五(结束)。
○ 大学までバスで行きます。/坐公交车去大学。

补 充:「から」、「まで」既可单独使用,也可放在一个句子中使用,表示时间或空间的起点和终点。

动词持续体过去时:「～ていました」。

解 说:接在动词或部分助动词连用形(テ形)后,表示在过去的时间段里一直在进行的动作或所处的状态。常体为「～ていた」。表示过去的一段时间内没有发生的动作或不存在的状态时,用过去时否定式,敬体为「～ていませんでした」,常体为「～ていなかった」。

用 例:
○ 昨日一日中、アルバイトをしていました。/昨天一整天都在打工。
○ 去年まで、その学校に勤めていました。/直到去年,都在那所学校里上班。
○ その時、私は遊んでいませんでした。日本語を勉強していました。/那个时候我不在玩,在学习日语。

2 一昨日も遅かったでしょう。

イ形容词过去时肯定式:イ形容词词干+「かった」。

解　说：イ形容词的过去时肯定式的变化规律是将词尾「い」变成「かった」（按照日本学校语法，应该是"形容词连用形＋助动词「た」"。但目前以"将词尾「い」变成「かった」"来理解更容易些。请参见扩展部分。此外，「いい」的过去时是「よかった」），后接续「です」构成敬体。表示主体过去的某种属性、性质、状态，暗含现在已经不具备之意。其过去时否定式为"连用形（く形）＋「ありませんでした」"，或者变成"连用形（く形）＋「なかった」（常体）"，后接续「です」构成敬体（也可以理解为将イ形容词的现在时否定式常体变成过去时）。

用　例：
○ 高い→高かった　　　苦しい→苦しかった
○ あそこの料理は美味しかったです。/以前那儿的饭菜很好吃。
○ 先週はとても忙しかったです。/上个星期很忙。
○ 1年前、サーモンは高くありませんでした。/一年前，鲑鱼不贵。
○ 昨日はあまり寒くなかったです。/昨天不太冷。

扩　展：为什么イ形容词的过去时肯定式的变化规律是「〜かった」呢？这是因为イ形容词在古语中有一个「かり」变化，即イ形容词的词尾不是「い」，而是「かり」。这种情况下的终止形为「かり」，连体形为「かる」。说白了，这其实可看作イ形容词的动词形式，如「よい→よかり」、「美しい→美しかり」。既然是动词的形式，五段动词「あり（ある）」接过去助动词「た」是「あった」，那么「よかり」、「美しかり」接过去助动词「た」也应该是「よかった」、「美しかった」。理解这个变化规律，也可以帮助我们记忆和应用。

3 何時に寝たのですか。

句　型：「〜のです」。

解　说：「〜のです」是「のだ」的敬体，以"用言连体形＋「のです」、体言＋「なのです」"的形式，多用于解释，强调，说明原因、理由、根据，表示委婉，等等。现代日语口语中用于表示委婉的情况尤为多见，口语

中「の」会音便成「ん」。

「～のです」后续疑问助词「か」形成「～のですか」的疑问句形式，表示以某情形或内容为前提，请对方做出解释、说明或表示感叹，意为"是……的"。注意"ナ形容词、体言+「なの」"的形式多表示委婉、含蓄或感叹，无法一对一地翻译，有时只能不译或用感叹词等来表现。

用　例：

○ 先生の説明で分かったのです。/是通过老师的解释才明白的。

○ 昨日は何時に家に帰ったんですか。/昨天（你是）几点回家的？

○ それも魚なんですか。/那也是鱼（什么的）吗？（那也是鱼呀！）

○ A：あそこも魚市場なんですか。B：そうなんですよ！/A：那儿也是鱼市吗？B：当然啰！

4 　1時か2時だったでしょう。

并列助词：「か」。

解　说： 接在体言或活用词终止形后表示选择。一般使用「～か～か」的形式，但接续体言的时候，有时可省略后一个「か」，意为"……或……"。

用　例：

○ 妹か弟がそこの小籠包を食べました。/妹妹或弟弟把放在那儿的小笼包吃了。

○ 私が行くかあなたが来るかです。/我去或你来。

5 　週末は休まなくても大丈夫ですか。

句　型：「～なくても大丈夫/いいです」。

解　说： 表示许可、可能、让步的句型「～て(で)も大丈夫/いいです」的否定形式，接在动词或部分助动词未然形或イ形容词连用形及"体言、ナ形容词词干+「で」"后，表示允许不进行某种行为或允许某个事项不成立，即没有这个必要的意思。还可以用「～なくてもかまわない」的句式，意为"可以不……""不……也行""不……也没关系"。

用　例：
- 明日来なくても大丈夫ですよ。/明天不用来啦。
- 魚は大きくなくても大丈夫です。/鱼不大也没关系。
- 学生でなくてもいいです。/不是学生也没关系。

6 後何分で終わりますか。

格助词：「で」。

解　说：接在体言后，表示限定、限度、期限。

用　例：
- 1週間で完成しました。/一周就完成了。
- この練習で終わりです。/以此练习为结束。
- 明日でさようならします。/明天就再见了。

7 千円で魚を3匹買いました。

格助词：「で」。

解　说：接在表示工具或方式的体言后，表示行为动作的方法、手段、工具，意为"用……""以……""乘（坐）……"。

用　例：
- 日本語で話しています。/正在用日语交谈。
- ラジオでニュースを聞きます。/用收音机听新闻。
- バスで家へ帰ります。/坐公交车回家。

8 それをどんな料理にしますか。

句　型：「～を～に」。

解　说：表示通过对某事物施加作用，使其形态或性质发生改变。「を」接在体言后，提示受到某种作用的物体，「に」表示变化的结果。

用　例：
- 子供を音楽家に育てます。/把孩子培养成音乐家。
- 水を氷にします。/把水变成冰。

数字的读法
(数字の読み方)

a. 时间的读法

时间	读音	时间	读音	时间	读音
1時	いちじ	2時	にじ	3時	さんじ
4時	よじ	5時	ごじ	6時	ろくじ
7時	しちじ・なな じ	8時	はちじ	9時	くじ
10時	じゅうじ	11時	じゅういちじ	12時	じゅうにじ
何時	なんじ				

※表示"完整的×小时"用"数字+「時間」"的形式，如「1時間(いちじかん)／（整整）1小时」、「2時間(にじかん)／（整整2小时）」等。

b. 分秒的读法

分秒	读音	分秒	读音	分秒	读音
1分1秒	いっぷんいちびょう	2分2秒	にふんにびょう	3分3秒	さんぷんさんびょう
4分4秒	よんぷんよんびょう・よんふんよんびょう	5分5秒	ごふんごびょう	6分6秒	ろっぷんろくびょう
7分7秒	ななふんななびょう	8分8秒	はっぷんはちびょう・はちふんはちびょう	9分9秒	きゅうふんきゅうびょう
10分10秒	じっぷんじゅうびょう・じゅっぷんじゅうびょう	11分11秒	じゅういっぷんじゅういちびょう	12分12秒	じゅうにふんじゅうにびょう
13分13秒	じゅうさんぷんじゅうさんびょう	何分何秒	なんぷんなんびょう		

※表示"完整的×分/秒"用"数字+「分/秒間」"的形式，如「1分間(いっぷんかん)／（整整）1分钟」、「2秒間(にびょうかん)／（整整2秒钟）」等。

1. 次の漢字にふりがなをつけてください。

   昨夜　体　夜中　居眠り　欠伸　起立　諺　夏　道

2. 下線部の仮名を漢字に直し、括弧に入れてください。

   (1) 店員はお客さんにお<u>じぎ</u>(　　)をします。
   (2) 私は大抵朝6時ごろ目が<u>さ</u>(　　)めます。
   (3) 部屋に<u>たべもの</u>(　　)は何もありません。
   (4) 昨日の数学の試験は<u>やさ</u>(　　)しかったです。
   (5) これから、タクシーを<u>よ</u>(　　)びに行きます。
   (6) 図書館は<u>みぎ</u>(　　)に<u>ま</u>(　　)がって<u>ひだりて</u>(　　)にあります。

3. ┌──┐の中から中国語の意味に合った慣用表現を括弧に記入してください。

   ┌───┐
   │ 気前が良い　お腹が空く　体に悪い　阿吽の呼吸　足が速い　気を付ける │
   └───┘

   (1) 走得快（　　　　　　　　　　）
   (2) 小心，注意（　　　　　　　　）
   (3) 対身体不好（　　　　　　　　）
   (4) 肚子饿（　　　　　　　　　　）
   (5) 大方，慷慨（　　　　　　　　）
   (6) 心领神会，性情相合（　　　　　　　　）

4. ┌──┐の中から適切な副詞を選んで括弧に記入してください（すべての語は一回のみ使うこと）。

   ┌───┐
   │ 大抵　　ちゃんと　　徐々に　　大変　　ゆっくり │
   └───┘

(1) 一人で引っ越しを行って（　　）疲れました。

(2) いい成績を取りました。（　　）復習したんですから。

(3) （　　）のことは一人で処理します。

(4) 中国の高齢者がこの数年で（　　）増加しています。

(5) （　　）考えてから、問題に答えます。

5. 例を参考に、□の中から適切な語を選び、文を作ってください。

| 急ぐ　　残業　　消す　　心配　　行く　　~~作る~~ |

例：今晩は映画を見に行きますから、食事を(作らなくてもいいです)。

(1) 仕事が全部終わりましたから、今日は(　　　　　　)。

(2) 時間がありますから、(　　　　　　)。

(3) 明日は祝日ですから、会社に(　　　　　　)。

(4) 私はまだここにいますから、電気を(　　　　　　)。

(5) 試験は簡単ですから、(　　　　　　)。

6. 例を参考に、文を作ってください。

例：楽しい→旅行は楽しかったです。

(1) 面白い→昨日の映画は_____です。

(2) 美味しい→手作りの蕎麦は_____です。

(3) 気持ち良い→お天気が良くて_____です。

(4) 難しい→試験の内容は_____です。

7. A、B、C、Dの4つの選択肢の中から最適なものを選び、文を作ってください。

(1) 「石の上にも三年」_____文を作ってください。

　　　A. に　　　　B. を　　　　C. で　　　　D. は

(2) 母は車_____空港_____迎えに来ます。

　　　　　A. から　まで　　B. を　まで　　C. で　まで　　D. を　に

(3) お腹が痛い_____です。早く帰ってもいいですか。

　　　　　A. なの　　　　B. か　　　　　C. の　　　　　D. も

(4) 兄_____姉が部屋を掃除しました。

　　　　　A. は　　　　　B. も　　　　　C. か　　　　　D. に

(5) 皆_____この仕事を完成しました。

　　　　　A. に　　　　　B. も　　　　　C. で　　　　　D. か

(6) この文_____日本語_____訳してください。

　　　　　A. は　が　　　B. に　が　　　C. と　に　　　D. を　に

(7) 本屋は左_____曲がって、右手にあります。

　　　　　A. と　　　　　B. が　　　　　C. で　　　　　D. へ

(8) 私は魚が嫌い_____です。

　　　　　A. の　　　　　B. なの　　　　C. も　　　　　D. か

(9) お通りの際に足元_____気を付けてください。

　　　　　A. に　　　　　B. を　　　　　C. で　　　　　D. が

(10) 昨夜、パソコンゲームをして1時まで起き_____。

　　　　　A. ています　　B. ていました　C. ます　　　　D. ました

8. 下記の文を日本語に訳してください。

(1) 上课时间是8点到8点45分。

(2) 请用鲷鱼或者带鱼做一道菜。

(3) 不写名字行吗？

(4) 上周工作很多，所以很忙。

(5) 今天的课到此结束。

9. 下記の文を中国語に訳してください。

(1) 新幹線は時速300キロメートルで走ります。

(2) 文化館はまっすぐ行って、左へ曲がって、右手にあります。

(3) この文章を中国語に訳してください。

(4) 母は昨夜、好きな番組を見て12時まで起きていました。

（5）先生が呼んでいますよ。返事しなくても大丈夫ですか。

10. 次の文章を読んで、後の問題に対する答えとして、最もよいものをA、B、C、Dから一つ選んでください。

> 李さんは今、東京に住んでいます。家から学校まで電車で半時間ぐらいです。自転車で15分ぐらいです。自転車の場合は乗り換えがありません。だから、良く自転車で学校へ行きます。あまり電車に乗りません。
>
> 李さんの友達は京都大学に通っています。日本語を専攻しています。彼は東京が大好きです。今年の夏休みに東京へ遊びに来るそうです。

（1）李さんは学校まで何分ぐらいですか。
　　　A. 30分　　　　B. 15分　　　　C. 45分　　　　D. 20分

（2）李さんは何で学校に行きますか。
　　　A. 自転車で行きます　　　　B. 電車で行きます
　　　C. 歩いて行きます　　　　　D. 電車と自転車で行きます

（3）次の文のうち、正しくないものはどれですか。
　　　A. 李さんは東京に住んでいます
　　　B. 李さんは京都大学の学生ではありません
　　　C. 李さんの友達は日本語を勉強しています
　　　D. 李さんは良く電車で学校に行きます

補充語彙

店員【てんいん】	⓪	（名）	店员
客【きゃく】	⓪	（名）	顾客，主顾；客人
数学【すうがく】	⓪	（名）	数学
一人【ひとり】	②	（名）	一个人
引っ越し【ひっこし】	⓪	（名・自サ）	搬家；搬迁
行う【おこなう】	⓪	（他五）	做；实施，执行
疲れる【つかれる】	③	（自一）	疲劳；用旧

续表

単語	アクセント	品詞	意味
処理【しょり】	①	（他サ・名）	处理；处置
高齢者【こうれいしゃ】	③	（名）	高龄者
数年【すうねん】	⓪	（名）	数年，几年
増加【ぞうか】	⓪	（自他サ・名）	增多；增加
問題【もんだい】	⓪	（名）	问题；试题
急ぐ【いそぐ】	②	（自五）	急忙；快走，快步
残業【ざんぎょう】	⓪	（自サ・名）	加班
消す【けす】	⓪	（他五）	关闭；擦掉；消除
心配【しんぱい】	⓪	（自他サ・名・ナ形）	担心，挂念；费心
今晩【こんばん】	①	（名）	今晚，今夜
全部【ぜんぶ】	①	（副・名）	全部，全体，全都
祝日【しゅくじつ】	⓪	（名）	（国家规定的）节日
電気【でんき】	①	（名）	电灯；电，电力
手作り【てづくり】	②	（名）	亲手做，自制（的东西）；手织布
蕎麦【そば】	①	（名）	荞麦面条
難しい【むずかしい】	④⓪	（イ形）	难的；困难的
空港【くうこう】	⓪	（名）	机场；空港
迎える【むかえる】	⓪	（他一）	接，迎接；聘请
掃除【そうじ】	⓪	（名・他サ）	扫除；清除
訳す【やくす】	②	（他五）	翻译；解释
通り【とおり】	③	（名）	通行，来往；大街
際【さい】	①	（名）	时候；机会
足元【あしもと】	④③	（名）	脚下；脚步，步伐
新幹線【しんかんせん】	③	（名）	（铁路的）新干线
時速【じそく】	①⓪	（名）	时速
キロメートル【kilometer】	③	（名）	千米
走る【はしる】	②	（自五）	跑；逃走，逃跑
文化館【ぶんかかん】	③	（名）	文化馆

续表

文章【ぶんしょう】	①	（名）	文章
番組【ばんぐみ】	⓪	（名）	节目；节目表
返事【へんじ】	⓪	（名・自サ）	答应，回答；回信
東京【とうきょう】	⓪	（固）	东京（日本的首都）
半時間【はんじかん】	③	（名）	半个小时
場合【ばあい】	⓪	（名）	场合，时候；情况
乗り換え【のりかえ】	⓪	（名）	换车，倒车
通う【かよう】	⓪	（自五）	上学；通勤；流通
専攻【せんこう】	⓪	（他サ・名）	专攻，专门研究

小知识（豆知識）

「挨拶用語」

参加工作后首先使用的日语多半会是「挨拶用語」，即"寒暄语"。日本是一个十分讲究礼仪的国度，公司内部的寒暄语非常重要。

公司里用的最多的「挨拶用語」，当属"早上好""去去就来""先走一步"。而刚毕业的学生容易说成「おはよう」、「行ってきまーす」、「お先でーす」，但这些说法容易给人留下不好的印象。正确的说法是「おはようございます」，最好加上名字说成「××さん、おはようございます」，这样能一下拉近相互间的距离，产生亲近感。「△△社まで行ってまいります。○○時ごろ戻ります」，说明自己要去的地方和大致回来的时间，有利于公司其他人与你安排时间，也显示你把握地点和时间的能力。「お先に失礼いたします」，说话时不拉腔拉调，吐字清晰，给人留下良好的印象。

以上寒暄语，可不分上下关系。对地位低于自己的人使用这样的寒暄语，

还能起到尊重对方和加强亲和力的作用。

别小看这种小地方。公司内外，成功的契机往往始于对小事的注重。

单元小结
(単元のまとめ)

一、助动词

种类	释义	例句
断定助动词「でした」	「～です」的过去时	昨日は金曜日でしたか。
传闻助动词「そうだ」	表示传闻	李さんは英語の先生だそうです。

二、助词

种类	释义	例句
格助词「へ」	读作「え」(为一种音便，语言学叫作"转呼音")，前接场所名词(或代词)，后接「来る/行く/帰る」等带有移动含义的自动词，表示动作移动的方向	東京へ帰ります。
格助词「に」	前接表示场所的名词，表示到达点或目的地 表示"动作、作用的着落点"，即动作或作用最终固定、归着到某事物或者某个点上 后续从此所要达到的（动作性）目的 动作行为的对象或动作的接受者 动作行为的到达点或存在的场所 用途或目的 比例、频率、分配基准	彼女は明日、日本に留学します。 ここに名前を書きますか。 ご飯を食べに行きます。 私は留学生に中国語を教えます。 自転車に乗ります。 記念に写真を撮りました。 週に2回会話の授業をします。
格助词「から」	表示时间、空间的起点，意为"从……"	明日から休みです。
接续助词「から」	主观上的原因、理由	すぐ終わりますから、ちょっと待ってください。
副助词「でも」	提示同类事物中的某一个，暗示不局限于这一事物，其他也可以	授業中、雑誌でも読んではいけません。
终助词「よね」	表示轻微感叹的同时进行确认	南の冬は、暖かいですよね。
接续助词「て」	动词连用形	私は歩いて帰ります。

续表

种类	释义	例句
副助词「まで」	动作作用的终点	休みは金曜日までです。
并列助词「か」	选择	妹か弟がそこの小龍包を食べました。
格助词「で」	时间、期限或限度 方法、手段、工具	この練習で終わりです。 日本語で話しています。

三、句型

种类	释义	例句
疑问词+「も」+否定表达	表示全部否定	テーブルの上に何もありません。
～を～に行きます/来ます	去/来某处做某事	（公園へ）花を見に行きます。 （市場へ）何を買いに来ましたか。
～ましょう	提议或劝诱对方一起做某事	A：映画を見ましょう。 B：はい。いいですよ。
～ましょうか	提议或劝诱	一緒に帰りましょうか。
～に(は)～があります	（某处）有（某物）	私の学校にコンビニがあります。
～は～に(は)あります	（某物）在（某处）	辞書は家にありません。寮にあります。
～に(は)～がいます	某场所存在人或动物	図書館に金魚がいますよ。
～は～にいます	人或动物存在某场所	お母さんはどこにいますか。
～から～へ/に	移动的起点和方向或终点	下から上へ行きます。
～(人)は～が欲しいです	第一、第二人称想要某物	（私は）新しいパソコンが欲しいです。
～は～を欲しがる	第三人称想要某物	南さんはいい辞書を欲しがります。
～ことですから	因为……一定……	彼のことですから、ダイエットしますよ。
～ことに	（表示某种感情）的是	恐ろしいことに、彼はすぐ変身しました。
～てください	请求或要求对方做某事	本を読んでください。
～てもいい	许可、可能、让步、提议	アルバイトは日曜日でもいいです。

续表

种类	释义	例句
～から、～	主观上的原因、理由	すぐ終わりますから、ちょっと待ってください。
持续性动词＋ています（动词持续体）	正在进行的动作 经常反复进行的行为	王さんは図書館で本を読んでいます。 母はデパートで働いています。
瞬间性动词＋ています（动词持续体）	动作造成的状态（动作结果的存续）	木村さんは去年、中国に来ています。
状态性动词＋ています	事物的恒常状态	兄は痩せています。
～よれば/(の話)では/によると～そうだ	听说、据说……	天気予報によると/よれば、明日は晴れるそうです。
～てから、～	先后顺序	宿題をしてから遊んでください。
～のこと	与……有关之事	僕のことですか。心配しないでください。
お动词连用形（マス形）	表示客气或随意的使唤	お済み。 お座り。
ていました ～ていませんでした	过去的一段时间里一直在进行的动作或所处的状态 过去的一段时间内没有发生的动作或不存在的状态	昨日一日中、アルバイトをしていました。 その時、私は遊んでいませんでした。日本語を勉強していました。
～のです	解释，强调说明原因、理由或根据	明日は休みなのです。 最近仕事が忙しいのです。
～なくても大丈夫/いいです	允许不做某种行为 允许某事项不成立	明日来なくても大丈夫ですよ。 学生でなくてもいいです。
～を～に	使事物的形态或性质发生改变	水を氷にします。

四、其他

种类	释义	例（句）
文节	将句子切分为若干个实际意义语言时获得的最小单位	文節はとても簡単なものです。
惯用表达	邀请人或者送人礼物时的客套话	何もありませんけど
数字的读法	年、年龄、周、小时、分秒	一年～何年、1歳～何歳、1週間～何週間、1月～何月、1時～何時、1秒～何秒、～間

续表

种类	释义	例（句）
连语	对方所言之事的否定推量，意为"（那）不会吧"	A：南さんは結婚しましたよ。 B：それはないでしょう。
〜ませんでした （动词未然形＋なかったです）	动词过去时否定式敬体	その仕事は完成できませんでした。 そのチャイムに気づかなかったです。
名詞化した動詞連用形の独立的用法	动词的名词化	行きは歩きで、帰りはタクシーでした。
动词＋助动词「た」（た形）	动词过去常体	何時に寝たのですか。
〜っ	口语中表示强调	うわっ！寒っ！
イ形容词词干＋「かった」	イ形容词过去时肯定式	あそこの料理は美味しかったです。
名词「向こう」	那边（课文中特指"中国"）	向こうに住んでいますけど。

第 5 課

数々の助数詞

在第一册我们已经学习了各种数词和部分量词（接尾词之一，包括「年」、「月」、「日」、「曜日」等）。本课在第一册基础上，追加了日语中主要的、重要的量词，以巩固和加强同学们使用数量词的能力。

经过第一册的铺垫后进入第二册，某些喜欢日剧、有些日语基础的同学会发现本书的词汇和句型的选择很有点儿"戏剧化"，与电影电视上的表达接近。其实这正是本教材的一大特征：词汇和表达与生活的真实实现了无缝对接。我们希望这种看似有几分难度的设计（语法难度和词汇量并未增加），能让同学们在"快乐学习"的道路上走得一天比一天顺畅。

1. 日语数量词的表达及用法。
2. 连语「とは」、「のか」。
3. 句型「(〜と)同じようだ」、「〜(を)ください」、「〜と言う」。
4. 助动词「ようだ」。
5. 动词作定语。
6. 助词「ので」、「で」、「が」、「と」及助词叠用。

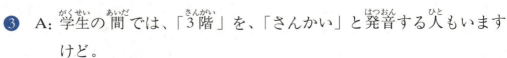

❶ A：エイリアンとは、何でしょうか。
　　　虫と同じようですか。
　 B：いいえ、それは宇宙人のようなものを指す言葉です。

❷ A：同じような顔なので、誰がお兄さんなのか分かりません。
　 B：そうですね。二人とも同じような仕草をするので、私も分かりませんよ。

❸ A：学生の間では、「3階」を、「さんかい」と発音する人もいますけど。
　 B：私は学生ではありませんが、それでも、「が」を「か」と発音しますよ。

❹ A：それは何と言いますか。

第5課　数々の助数詞

B:「鶉の卵」と言います。

A: そうですか。じゃ、それを1個ください。

新出単語

数々【かずかず】	①	（名・副）	种种；许多
助数詞【じょすうし】	②	（名）	量词
エイリアン【alien】	①	（名）	外星人；外国人
宇宙人【うちゅうじん】	②	（名）	外星人
指す【さす】	①	（他五）	指代，指（……而言）
言葉【ことば】	③	（名）	单词，语言；言辞
顔【かお】	⓪	（名）	脸型，长相；脸
誰【だれ】	①	（代）	谁
とも		（接尾）	全，都，均
仕草【しぐさ】	①⓪	（名）	举止，态度
間【あいだ】	⓪	（名）	中间，（之）间
それでも	③	（接）	即使那样，虽然那样
鶉【うずら】	⓪	（名）	鹌鹑

助数詞とは何でしょうか

助数詞とは何でしょうか。

それは、接尾語の1つで、数を表す語、例えば、1、2、3などに添えて、どのような事物の数量なのかを示す語です。蜜柑が1「個」、魚が1「匹」、象が1「頭」、鳥が1「羽」、縄が1「本」、紙が1「枚」、本が1「冊」、水が

1「杯」などはその類です。

日本語の助数詞は、ほとんど中国から来たので、同じように使うものが多いのです。しかし、異なるものもあるので、気を付ける必要があります。例えば、蝿や蜂、蚊のような虫を数える時の助数詞は、中国語では「隻」ですが、日本語では、「匹」です。また、縄や棒のような細長いものは、「本」と数えますが、蛇の場合は、「匹」と数えます。

鶏や家鴨のような鳥類は普通、「1羽、1羽」と数えます。しかし、何故か、兎も「羽」と数えます。一説によると、日本人は昔、足が4本ある動物をほとんど食べませんでしたが、「兎は鳥だ」と変な理由を付けて食べたので、そのような助数詞を使ったそうです。

新出単語

接尾語【せつびご】	⓪③	（名）	接尾词，后缀
数【かず】	①	（名）	数目，数量
表す【あらわす】	③	（他五）	表示，表达；表现
語【ご】	①	（名）	词，单词
添える【そえる】	②⓪	（他一）	附上，添上
どのよう	①③	（慣）	怎样，如何
事物【じぶつ】	①	（名）	事物
数量【すうりょう】	③	（名）	数量
示す【しめす】	②⓪	（他五）	表示，表现；指示
象【ぞう】	①	（名）	象，大象

续表

頭【とう】		（接尾）	头
鳥【とり・鶏】	⓪	（名）	鸟；鸡
羽【わ・ば・ぱ】		（接尾）	只，头
縄【なわ】	②	（名）	绳，绳索
紙【かみ】	②	（名）	纸
枚【まい】		（接尾）	张，片，块
冊【さつ】		（接尾）	本，册，部
水【みず】	⓪	（名）	水
杯【はい・ばい・ぱい】		（接尾）	杯
類【たぐい】	⓪③②	（名）	类，同类
中国【ちゅうごく】	①	（名）	中国
しかし	②	（接）	但是，然而
異なる【ことなる】	③	（自五）	不同，不一样
必要【ひつよう】	⓪	（名・ナ形）	必要，必需
蠅【はえ】	⓪	（名）	苍蝇
蜂【はち】	⓪	（名）	蜂
数える【かぞえる】	③	（他一）	数，计数；列举
隻【せき】		（接尾）	只，艘
棒【ぼう】	⓪	（名）	棒子，棍子
蛇【へび】	①	（名）	蛇
場合【ばあい】	⓪	（名）	场合，时候；状况
鶏【にわとり】	⓪	（名）	鸡
家鴨【あひる】	⓪	（名）	鸭子，家鸭
鳥類【ちょうるい】	①	（名）	鸟类
普通【ふつう】	⓪	（副・ナ形・名）	一般；普通，通常
兎【うさぎ】	⓪	（名）	兔子
一説【いっせつ】	⓪④	（名）	一说，一种说法
昔【むかし】	⓪	（名）	很久以前，往昔
動物【どうぶつ】	⓪	（名）	动物

| 理由【りゅう】 | ⓪ | （名） | 理由 |
| 理由を付ける【りゅうをつける】 | | （慣）→ | 找借口 |

ユニット1　2個、2個は、ニコニコ

孔：今、私達は、何階にいますか。

浜口：3階ですよ。私達が何階にいるか分かりませんか。

孔：分かりますよ、もちろん。今のは、助数詞の練習です。

浜口：ああ、そうですか。じゃ、ちょっとテストします。今日は何日ですか。

孔：20日で、私の誕生日です。

浜口：孔さんは、誕生日に、赤い卵を何個食べましたか。

孔：2個食べました。

浜口：何故2個ですか。

孔：2月20日で、2つの「2」がありますから。

浜口：そうですか。孔さんは、いつも笑顔ですから、卵二個が似合いますね。

孔：えっ？何故ですか。

浜口：いつもニコニコしていますから。

孔：オノマトペですか。なるほど。

新出単語

ニコニコ	①	（副）→	笑嘻嘻（貌），笑眯眯（貌）
テスト【test】	①	（他サ・名）→	考试，测验
卵【たまご】	②⓪	（名）→	鸡蛋；卵，蛋
笑顔【えがお】	①	（名）✍	笑脸，笑颜
似合う【にあう】	②	（自五）→	相称，相配，般配
オノマトペ【フonomatopee】	③⑤	（名）	拟声词，象声词

ユニット2　写真を一枚

孔：浜口さん、写真を一枚撮りますよ。

浜口：いや、私が撮りますよ。はい、1＋1は？

孔：に～。どうですか。

浜口：はい、ばっちりですよ。

孔：ありがとうございます。

浜口：そうそう、ビスケットを1箱買いました。食べますか。

孔：わあー、美味しそうですね。じゃ、2枚ください。それはそうと、浜口さんは今年、お幾つですか。

浜口：私ですか。秘密です。

孔：分かりますよ。20歳でしょう。

浜口：そうなんです。孔さんと同い年ですから。

孔：年を数える場合、「いっさい、にさい」と数えますね。

浜口：はい。

孔：じゃ、何故、20歳だけは、「はたち」と言いますか。

浜口：それは昔の言い回しの名残りです。「はた」は、20で、「ち」は、「二十路」の「ぢ」の清音で、助数詞です。まあ、20歳は大人の仲間入りですから、特別に「はたち」と数えたのでしょうね。

※在日本，直接问女孩子的岁数比较失礼。女孩子多半不会正面回答，而是以「秘密です」「当ててみてください/你猜」来回避。

新出単語

単語	アクセント	品詞	意味
＋【プラス】【plus】	①⓪	（他サ・名）→	加号；加上
＋【足す・たす】	②⓪	（他五）→	加，增加
ばっちり	③	（副）✍	漂亮地，顺利地
ビスケット【biscuit】	③	（名）✍	饼干
箱【はこ・ばこ】	⓪	（接尾・名）→	箱；盒
ください	③	（他五）→	（「くださる」的命令形）请给（我）……
同い年【おないどし】	②	（名）✍	同年，同岁
年【とし・歳】	②	（名）→	岁，年龄；年
さい【歳】		（接尾）	岁
言う【いう】	⓪	（他五）→	说，讲；称，叫
言い回し【いいまわし】	⓪	（名）✍	说法，措辞
名残り【なごり】	③⓪	（名）✍	残余；影响；惜别
二十路【ふたそぢ・ふたそじ】	③	（名）	20岁
清音【せいおん】	①⓪	（名）	清音
大人【おとな】	⓪	（名）→	大人，成人；老成
仲間入り【なかまいり】	⓪	（名・自サ）→	合伙，加入

综合解说
（綜合解説）

1 エイリアン<u>とは</u>、何でしょうか。虫と<u>同じよう</u>ですか。

连　语：「とは」。

解　说：接在体言或活用词终止形（サ变动词和ナ形容词可为词干）构成的话题后，后项对其下定义，表述其意义，或对其做出评价，或提出疑问等，意为"所谓……""所说的……"。可构成「～とは、～ことだ/意味だ」等句型。「とは」较书面化，口语中一般使用「というのは」、「ということは」、「って」等。

用　例：

○ コンビニとは、何ですか。／所说的「コンビニ」是什么呢？

○ WTOとは、何のことですか。／WTO 是什么呀？

○ 神社とは、どんなところなんですか。／所说的神社是个什么样的地方啊？

○ 親に口答えするとは何事だ。／跟家长顶嘴是怎么回事？

○ 下手とはどういう意味ですか。／"笨手笨脚"是啥意思？

句　型：「（～と）同じようだ」。

解　说：「同じようだ」通常跟在「と」后构成句型「～と同じようだ」。「と」接在体言后表示比较对象，意为"和……一样"。常和「同じ」、「違う」、「似る」、「比べる」等有比较含义的词一起使用。本句型表示与比较对象的性质、程度、状态等大致相同。

用　例：

○ 彼女はお母さんと良く似ています。／她跟她妈妈长得非常像。（「と」的用法举例）

○ 彼女の顔はお母さんと同じように丸いです。／她的脸型跟她妈妈一样

是圆的。

○ 私も王さんと同じようにアルバイトをしています。/我和小王一样也在打工。

○ それと同じようなものはもう売切れました。/和那个相同的东西已经卖光了。

2 それは宇宙人のようなものを指す言葉です。

比况助动词：「ようだ」

解　说： ナ形容词活用型助动词。接在"体言＋「の」"、连体词、用言及部分助动词连体形后，表示例示，意为"像……样的"。一般来说，「ような」前后项均为名词时，后项名词为前项名词的上位词。

用　例：

○ 李さんは嘘を吐くような人ではありません。/小李不是说谎的人。

○ 桜のような花が大好きです。/特别喜欢像樱花那样的花。

○ あなたのような親切な人に初めて会いました。/第一次遇到像你这样热情的人。

扩　展：「よう」汉字写作「様」，即某种"样子"。「ようだ」由"名词「様」＋助动词「だ」"构成。从文字的原点上去考虑，其含义不外乎"是（这个）样子"。作为"比况助动词"使用，是派生用法。由此理解「ようだ」就比较容易了。此外，要注意作为助动词使用时，一般不写汉字。

动词作定语（连体修饰）：「指す言葉」。

解　说：「指す」后续体言作定语的形式。这种形式称为「連体形/（动词）连体形」。动词（包括动词性助动词）作定语时需要使用连体形。

动词作定语修饰体言时，可以有以下几种形式：

（1）动词现在肯定式，用动词连体形。

（2）动词现在否定式，用动词未然形后接否定助动词「ない」。

（3）动词过去肯定式，用动词过去时常体。

（4）动词过去时否定式，用动词未然形后接否定助动词的过去时「なかった」。

(5) 动词持续体现在肯定式，用动词连用形（テ形）接「ている」。
(6) 动词持续体现在否定式，用动词连用形（テ形）接「ていない」。
(7) 动词持续体过去肯定式，用动词连用形（テ形）接「ていた」。
(8) 动词持续体过去否定式，用动词连用形（テ形）接「ていなかった」。

用 例：

有如下几种连体修饰的情况：

○ 読む本/要看的书（1）

○ 読まない本/不看的书（2）

○ 読んだ本/看过（完了）的书（3）

○ 読まなかった本/没看过的书（4）

○ 読んでいる本/正在看的书（5）

○ 読んでいない本/（至今都）没看的书（6）

○ 読んでいた本/（过去某段时间里）在看的书（7）

○ 読んでいなかった本/（过去某段时间里）没在看的书（8）

○ これは大学生の読む本です。/这本是大学生看的书。

○ 昨日、食べた料理は、美味しくなかったです。/昨天吃的菜一点都不美味。

○ 今、聴いている音楽が好きです。/现在听的音乐很喜欢。

3 同じような顔<u>なので</u>、誰がお兄さん<u>なのか</u>分かりません。

接续助词：「ので」。

解 说： 接在"体言+「な」"、活用词连体形后（偶尔也用在敬体后），用于确定顺接条件，表示后述事项、动作、作用、状态发生的客观原因、理由、根据等，意为"因为……所以……""由于……"。口语中有时音便为「んで」。

用 例：

○ 昨日は休みなので、学校へ行きませんでした。/昨天休息，所以没去学校。

○ すみません。電車が遅れたので、遅刻しました。/对不起，城铁晚点，所以迟到了。

○A：一緒にお茶を飲みましょう。B：すみません、ちょっと用事がありますので。/A：一起喝个茶吧。B：对不起，我还有点事儿。

扩　展：「ので」与「から」的区别：作为接续助词使用时，两者都表示"原因""理由"或"结果"。不同的是：①「から」接在活用词终止形后，而「ので」接在活用词的连体形后；②接体言时，「から」接在"体言＋助动词「だ」／「です」"后，如「雨だから」、「先生ですから」，而「ので」接在"体言＋「な」"后，如「雨なので」、「先生なので」；③「から」着重于强调前项事物，而「ので」着重于描述后项事物，因此也可以说，「から」强调"原因"，「ので」提示"结果"。因此，用于道歉时，「ので」比较好。用「から」就有强词夺理的感觉。从礼貌的角度来说，「から」多用于关系亲近或上对下的场合，也可用于安慰对方、表示理解的场合，而「ので」则多用于关系疏远或下对上的场合，也可用于赔礼道歉、求得允许或理解的场合。此外，「ので」的后项一般不用命令、意志、推量等形式结句。试比较下面两个例句在语感上的不同。

○資料がないからできませんでした。/没完成是因为没有资料。（强调"没有资料"）

○資料がないのでできませんでした。/因为没资料，所以没能完成。（同时有"努力不够"的含义）

○電車が遅れたから遅刻しました。/因为城铁来晚了，所以我迟到了。（给人迟到找理由的感觉）

○電車が遅れたので遅刻しました。/迟到了。城铁来晚了。（重点在"迟到"上）

○任せて、俺がいるから。/交给我，有我呢！

○申し訳ありません、遅れましたので。/实在对不起，晚了。

连　语：「のか」。
解　说：接在"体言＋「な」"或活用词连体形后，表示疑问或不确定。
用　例：

○行くのか、行かないのか、はっきりしてください。/请明确表态去还是

不去。

○ どれがいいのか、彼女は迷っています。/她不知道哪个好。

4 学生の間では、「3階」を「さんかい」と発音する人もいますけど。

格助词：「で」。

解　说：接在体言后，表示限定范围，意为"在……"。

用　例：

○ 世界で一番長い川はどこですか。/世界上最长的河在哪里？

○ 日本の漫画はわが国でとても人気があります。/日本的漫画在我国非常受欢迎。

助词叠用：「では」。

解　说：提示助词「は」可以直接替代格助词「が」或「を」起强调作用，也可以和其他助词重叠使用，用来加强语气或起强调对比，引出否定等作用。提示助词「も」也存在这种助词叠用的现象。

用　例：

○ 一人ではできませんよ。/1个人可做不来哦。

○ 急ぎますので、学校まではタクシーで行きました。/由于赶时间，所以打车去的学校。

○ 日曜日、王先生には会いました。李先生には会いませんでした。/星期天见到了王老师，没见到李老师。

以下两句供解说参考，第2句语法超前。

○ 私は料理ができません。/我不会做饭。（单纯叙述"我"不会做饭一事）

○ 私には料理はできません。/我不会做饭。（别人也许会做，反正"我"是不会。强调"我"的能力）

5 私は学生ではありませんが、それでも、「が」を「か」と発音しますよ。

接续助词：「が」。

解　说：用法与接续助词「けれど/けど」（第1册第7课"综合解说"）类似，接在前句句尾，可用于逆接，即连接两个相反的、不协调的事项；也可用于

顺接，即连接两个没有转折意义的句子表示缓和语气、承上启下。表示顺接的「が」没有具体意义，仅起到连接作用，交代后句的前提、情况等。

用　例：
○ 私もコンビニへ行きましたが、何も買いませんでした。/我也去了便利店，不过什么都没买。（逆接，转折）
○ 私は良く図書館へ行きますが、王さんも良く行きますか。/我经常去图书馆，小王也经常去吗？（承上启下。所谓承上启下，是指交代后句所需的前提）

格助词：「と」。

解　说：接在名词或活用词终止形（ナ形容词可为词干）后，表示「数える」、「聞く」、「言う」、「教える」、「伝える」、「説明する」、「話す」、「答える」、「考える」、「思う」等动词的具体内容。需要注意的是，接句子时分直接引用和间接引用。直接引用时，引用的部分需用日语的引号「　」。此时引号中的内容视说话人当时使用的文体而定，既可是敬体也可是常体。间接引用的部分则无须使用引号，且必须使用常体。

用　例：
○ 彼女は行くと言いました。/她说要去。（间接引用）
○ それは上手(だ)と言えますか。/这能说高明吗？
○ 周さんは「魚が美味しいです」と言いました。/小周说鱼很好吃。（直接引用）

6 それは何と言いますか。

句　型：「～と言う」。
解　说：接在体言后，表示指称内容，意为"叫（作）……""说成……"。
用　例：
○ この花の名前は何と言いますか。/这花的名字叫什么？
○ 初めまして、李と言います。どうぞ宜しくお願いします。/（初次见面）您好，我姓李，请多关照。

7 じゃ、それを1個（いっこ）ください。

句　型：「～（を）ください」。

解　说：接在体言后，用于身份高的人请求比自己身份低或关系亲近的人给自己某物品、餐厅点菜或购物时常用，意为"请（给我）……""我要（买）……"。口语常省略「を」。数量词作状语时，主要起副词性作用，不需使用助词「を」。

用　例：

○ これをください。/请把这个给我（我要买这个）。

○ すみません、ビールを1本（いっぽん）ください。/对不起，请给我一瓶啤酒。

（練習 れんしゅう）

1. 次の漢字にふりがなをつけてください。

数々　　　言葉　　　鶉　　　異なる　　　蝿　　　卵
家鴨　　　二十路　　　名残り　　　仲間入り　　　大人　　　幾つ

2. 下線部の仮名を漢字に直し、括弧に入れてください。

(1) 君、誰のことをさ（　　　）していますか。

(2) 花束（はなたば）にメッセージをそ（　　　）えて、彼女に渡します。

(3) 良くにあ（　　　）いますね、そのイヤリング。

(4) 子供のようなしぐさ（　　　）をします。

(5) 大学生のあいだ（　　　）では、携帯を持っていない人がいますか。

(6) 細長いものは「本」とかぞ（　　　）えますが、へび（　　　）のばあい（　　　）は「匹」とかぞえます。

3. 下記の動詞を適切な形に直し、空欄を埋めてください。

付けました	付けた
	読まない
食べました	

续表

表します 撮っていません 勉強していませんでした 買いません	聴いている 持たなかった 選んだ

4. 左側の名詞に相応しい助数詞を右側から選び、線を引いてください。

蠅　　　　　　匹
棒　　　　　　羽
辞典　　　　　頭
金魚(きんぎょ)　匹
鶏　　　　　　本
写真　　　　　個
りんご　　　　冊
象　　　　　　枚

5. 適切な平仮名を括弧に入れ、文を作ってください。（各括弧に平仮名を一つ入れること）

(1)「二十路」（　）（　）どういう意味でしょうか。

(2) これ（　）同じよう（　）辞典（　）ありますか。

(3) 明日は休み（　）（　）（　）、朝寝坊(あさねぼう)をしてもいいです。

(4) 日本語には中国語（　）似ている漢字が多いです。

(5) 中国（　）（　）一番高い山(やま)がどこです（　）。

(6) 私はあまり映画を見ません（　）、この有名（　）監督(かんとく)の作品(さくひん)を知っていますよ。

(7) A：これは何（　）言う果物(くだもの)ですか。B：地元(じもと)の人はそれ（　）山桃(やまもも)（　）言います。

6. A、B、C、Dの4つの選択肢の中から最適なものを選び、文を作ってください。

(1) 雨が降っている_____、傘を持ってください。
　　A. ので　　　　B. が　　　　C. から　　　　D. だから

(2) 日本語の「就活」_____、就職活動のことです。
　　A. では　　　　B. と　　　　C. とは　　　　D. は

(3) 昨日、食べ_____ラーメンは美味しかった。
　　A. た　　　　B. ました　　　　C. る　　　　D. なかった

(4) 彼が来る_____、来ない_____、分かりません。
　　A. ので　ので　B. のか　のか　C. ので　のか　D. のか　ので

(5) 四川料理は外国_____とても人気があります。
　　A. が　　　　B. では　　　　C. には　　　　D. とは

(6) 張さんは「はい、分かりました」_____答えました。
　　A. と　　　　B. で　　　　C. に　　　　D. が

(7) 駅から私の家までバス_____30分掛かります_____、自転車_____1時間も掛かります。
　　A. では　ので　では　　　B. で　が　で
　　C. は　ので　は　　　　　D. では　が　では

(8) 李さんは京劇の_____伝統演劇が好きだそうです。
　　A. ようの　　B. ように　　C. ような　　D. ようだ

(9) すみません、ニのケーキ_____ _____ください。
　　A. を　2隻　　　　　　　B. を　2つ
　　C. を　2枚　　　　　　　D. を　2杯

(10) 同じ値段_____で、どれがいい_____、迷っています。
　　A. なの；か　　　　　　B. ×；のか
　　C. なの；のか　　　　　D. ので；の

7. 下記の線に適切な語を書き、文を作ってください。

(1) ブランコとは_____ですか。

(2) 電車が遅れたので、＿＿＿＿＿＿＿。

(3) みんな可愛いですね。どれがいいのか、＿＿＿＿＿＿＿。

(4) 雪が降っていますが、＿＿＿＿＿＿＿。

(5) 最近、読んでいる本はほとんど＿＿＿＿＿＿＿。

8. 下記の文を日本語に訳してください。

(1) 长得一样，不知道谁是男孩谁是女孩。

(2) 那道菜叫什么？那叫北京烤鸭。

(3) 我不喜欢纳豆这样的食物。

(4) 中国最长的河在哪里？

(5) 不好意思，请给我一瓶冰镇啤酒。

9. 下記の文を中国語に訳してください。

(1) 奈良のような古い町が好きです。

(2) あのスーパーの牛乳がとても安いので、5本も買いました。

(3) 父が撮った写真はこのアルバムにあります。どうぞ、見てください。

(4) 私も田中さんと同じようにダイエットをしています。

(5) 床屋とは、どんなところですか。

10. 次の文章を読んで、後の問題に対する答えとして、最もよいものをA、B、C、Dから一つ選んでください。

朝の電車はとても込んでいます。私は毎日会社まで電車で行きます。電車の中には色々な人がいます。新聞を読んでいる人、パンを食べている人、音楽を聴いている人などです。窓の外を見ている人はあまりいません。朝は人が多いので何もできませんが、夜の電車は空いているので、私は良く窓の外を見ます。時々、本を読みます。私は夜の電車が好きです。

(1) 筆者はどうして夜の電車が好きですか。

  A．朝より人が少ないから   B．食事ができるから

C. 勉強できるから　　　　　D. 静かですから

(2) 朝の電車にはどんな人がいますか。

A. 新聞を読む人　　　　　B. 食事をする人

C. 音楽を聴く人　　　　　D. 以上は全部

(3) 正しいものはどれですか。

A. 筆者は毎朝、電車の外を見ません

B. 筆者は毎朝、込んでいる電車で会社へ行きます

C. 窓の外を見ている筆者はパンを食べます

D. 本を読んでいる筆者は音楽が好きです

補充語彙

花束【はなたば】	②③	（名）	花束
金魚【きんぎょ】	①	（名）	金鱼；鲤科淡水鱼
朝寝坊【あさねぼう】	③	（名・自サ）	（早上）睡懒觉
山【やま】	②	（名）	山；堆积（如山）
監督【かんとく】	⓪	（名・他サ）	（电影）导演；监督者；教练
作品【さくひん】	⓪	（名）	作品；创作
果物【くだもの】	②⓪	（名）	水果
地元【じもと】	⓪③	（名）	当地；本地
山桃【やまもも】	⓪②	（名）	杨梅
就活【しゅうかつ】	⓪	（名）	（「就職活動」的简称）大学生为了就业而进行的准备工作
就職【しゅうしょく】	⓪	（名）	就职，找工作
活動【かつどう】	⓪	（名・自サ）	活动；释放能量
四川【しせん】	⓪	（固）	四川（中国地名）
人気【にんき】	⓪	（名）	人缘，声望；风气风俗

续表

掛かる【かかる】	②	（自五）	花费；悬挂；取决于……
京劇【きょうげき】	⓪	（名）	京剧
伝統【でんとう】	⓪	（名）	传统
演劇【えんげき】	⓪	（名）	戏剧；演剧
値段【ねだん】	⓪	（名）	价钱，价格
迷う【まよう】	②	（自五）	犹豫不决，迷失方向
雪【ゆき】	⓪	（名）	雪；雪白
町【まち】	②	（名）	城市；街道
床屋【とこや】	⓪	（名）	（男子）理发店；理发师
込む【こむ】	①	（自五）	拥挤；错综复杂
外【そと】	①	（名）	外面；表面；外部
時々【ときどき】	②⓪	（副・名）	有时，偶尔；一时
筆者【ひっしゃ】	①	（名）	作者；书写者
以上【いじょう】	①	（名・接助）	前面所述，上述；超过
正しい【ただしい】	③	（イ形）	正确的；真实的；适当的

第 6 課

初耳の助数詞

　　本课接着上一课继续学习量词。通过本课我们可以了解外来语在日语中的渗透程度。

　　对于英语底子比较好的学生来说，记住外来语的量词难度不大。要重点关注英语底子不太好的同学。这些同学也不必先从外来语量词背起，不妨先记住英语，然后利用英语的提示再去背诵日语，这样可以收到一石二鸟的功效。

要点

1. 数量词的表达及用法。
2. 助词「で」、おも接尾词「さ」、接续词「すると」。
3. 句型「～と思う」、「～ことか」、「～を～にする」、「～ことなく」、「～ことだ」。

核心句型会话
（核心文型会話）

❶ A：日本語コーナーで、文法のことで議論しましょうか。
   B：それはグッドアイディアと思います。

❷ A：これは「身から出た錆」と言いますか。
   B：そうですね。その言葉の難しさが分かりますか。

❸ A：昨夜、急いで蒲団の中に潜り込みました。すると、何と驚いたことか、あの黒猫が中に隠れていましたよ。
   B：それはそれは、驚き桃の木山椒の木ですね。

❹ A：蜜柑をジュースにして、一緒に飲みましょうか。
   B：はい。ありがとうございます。

❺ A：先生は何を仰いましたか。
   B：「諦めることなく、もう一度挑戦することだよ」と。

第6課　初耳の助数詞

新出単語

初耳【はつみみ】	⓪	（名）	初次听到
コーナー【corner】	①	（名）	角；专柜
文法【ぶんぽう】	⓪	（名）	语法，文法
議論【ぎろん】	①	（他サ・名）	议论，争辩
グッドアイディア【good idea】	④⑥	（名）	好主意
思う【おもう】	②	（他五）	认为；想，思考
身【み】	⓪	（名）	自身；身体；（鱼）肉
錆【さび】	②	（名）	锈
身から出た錆【みからでたさび】		（慣）	自作自受，咎由自取
難しい【むずかしい】	④⓪	（イ形）	难的，难懂的
急ぐ【いそぐ】	②	（自他五）	急急忙忙；快，赶
蒲団【ふとん】	⓪	（名）	被褥，铺盖
潜り込む【もぐりこむ】	④⓪	（自五）	钻入
すると	③⓪	（接）	于是；那么说来
驚く【おどろく】	③	（自五）	吓，惊恐；惊讶；惊叹
黒猫【くろねこ】	③	（名）	黑猫
隠れる【かくれる】	③	（自一）	藏，隐藏；躲藏
驚き桃の木山椒の木【おどろきもものきさんしょのき】		（慣）	（利用谐音形成的诙谐语）令人大跌眼镜
驚き【おどろき】	⓪④	（名）	惊恐，吃惊
山椒【さんしょう】	⓪	（名）	花椒
仰る【おっしゃる】	③	（他五）	说，讲（「言う」的尊他语）
諦める【あきらめる】	④	（他一）	断念头，死心
挑戦【ちょうせん】	⓪	（名・自サ）	挑战

お箸は、一膳と言いますよ

　日本の助数詞は、昔、ほとんど中国から来たものでしたが、今、若者は、特に会社やビジネスの場合、外来語の助数詞を多く使っています。重さを表す場合は、10オンス、100グラム、1キロと言い、広さを表すものは、ヘクタールがあり、長さや距離を表すものには、センチ、メートル、フィート、ヤード、キロなどあります。タバコはワンカートン、道具はツーセット、時間はスリーアワー、鉛筆は4ダース、ジグソーパズルは2千ピース、水はワンカップ、酒は1ボトル、また、映画では、『一リットルの涙』もあるでしょう。

　助数詞のことで小話を一つ申し上げますが、昨日、コンビニでカップ麺を買って、「箸をワンセットください」と頼みました。すると、何と恥ずかしいことか、後ろにいる子供が、「叔父さん、お箸は、1膳と言いますよ」と小声で言いました。

新出単語

膳【ぜん】		（接尾）	（筷子）双；（米饭）碗
若者【わかもの】	⓪	（名）	年轻人，青年
会社【かいしゃ】	⓪	（名）	公司

续表

ビジネス【business】	①	（名）🔊	商务，生意；工作
外来語【がいらいご】	⓪	（名）	外来语
多く【おおく】	①	（副・名）🔊	多半，大都；许多
重い【おもい】	⓪	（イ形）✈	重的，沉的；重大的；严重的
オンス【ounce】	①	（接尾・名）×	盎司
100【ひゃく・百・びゃく】	②	（名・接尾）🔊	百，一百
グラム【フgramme】	①	（接尾・名）🔊	克
キロ【フkilo】	①	（接尾・名）🔊	（「キログラム【フkilogramme】③」「キロメートル【フkilomètre】③」等的缩略语）千克；千米；千
ヘクタール【フhectare】	③	（名・接尾）	公顷
長さ【ながさ】	①	（名）	长度，长短
距離【きょり】	①	（名）	距离
センチ【フcenti】	①	（名・接尾）🔊	（「センチメートル【フcentimètre】④」的缩略语）厘米
メートル【フmètre】	⓪	（名・接尾）🔊	米
フィート【feet】	①	（名・接尾）×	英尺
ヤード【yard】	①	（名・接尾）×	码
タバコ【ポtabaco・煙草】	⓪	（名）✈	香烟
カートン【carton】	①	（接尾・名）	（香烟等）条
道具【どうぐ】	③	（名）	工具，用具；手段
セット【set】	①	（接尾・名）🔊	套，组
スリー【three】	②	（名）	三
アワー【hour】	①	（接尾・名）	时间，时段
鉛筆【えんぴつ】	⓪	（名）	铅笔
ダース【dozen】		（接尾）	（以12个为1组）打
ジグソーパズル【jigsaw puzzle】	⑤	（名）	七巧板；拼图
千【せん】	①	（接尾・名）✈	千；一千

续表

ピース【piece】	①	（接尾・名）	（小）块；件
ボトル【bottle】	①⓪	（接尾・名）	瓶；罐
映画【えいが】	①⓪	（名）	电影
リットル【フlitre】	⓪	（接尾・名）	升
涙【なみだ】	①	（名）	眼泪，泪
一リットルの涙【いちリットルのなみだ】		（固）	《一升眼泪》
小話【こばなし】	②	（名）	小故事，小笑话
申し上げる【もうしあげる】	⑤⑥⓪	（他一）	禀报，说，讲
コンビニ	⓪	（名）	（「コンビニエンスストア【convenience store】⑨」的缩略语）便利店，24小时店
カップ麺【cup めん】	③	（名）	杯面
頼む【たのむ】	②	（他五）	请求；委托，托付
後ろ【うしろ】	⓪	（名）	后边，后方；后面；背地
小声【こごえ】	⓪	（名）	小声，低声

基礎会話
（基礎会話）

ユニット1　助数詞の異なるところ

登場人物：張（男性）　浜口（女性）

張：浜口さん、今日も、一緒に、助数詞の話をしましょうか。

浜口：オーケーです。

張：日本語では、中国語と同じような助数詞は使いますか。

浜口：はい。テレビは1台、本は2冊、馬は3匹とか4頭とか。でも、異な

第6課　初耳の助数詞

　　　るところもたくさんあります
　　　よ。
張：そうですね。鳥は5羽、魚は6
　　匹、紙は7枚、棒は8本、家は
　　9軒、階段は10段など
　　でしょう。
浜口：そうですか。じゃ、人間は?
張：1人、2人、3人です。
浜口：蛇の場合はどうですか。
張：蛇は縄と同じように細長いですから、たぶん1本、2本、3本と数える
　　でしょう。
浜口：違いますね。魚や蛙、蛇などは、生き物ですから1匹、2匹、3匹と
　　数えます。
張：なるほど。箸の場合はどう数えますか。
浜口：箸は2本を1対にして1膳、2膳です。
張：上着や背広、シャツ、ズボンなどは?
浜口：服の場合は、普通は、1着、2着ですが、下着は、1枚、2枚です
　　ね。それに、靴下や靴の助数詞は「足」ですよ。
張：ところで、蟻や蟋蟀、または蚯蚓のような虫も、「匹」でしょうか。
浜口：確かそうですね。じゃあ、蝶々の助数詞は何ですか。
張：ひらひら飛ぶので、1枚、2枚だと思いますけど。
浜口：普通はやはり「匹」ですが、蝶々の専門家の間では、「頭」と数え
　　る時もあります。
張：へぇ～、そうですか。それは初耳ですね。ありがとうございます。

新出単語

テレビ	①	（名）	（「テレビジョン【television】③」的縮略語）电视机，电视
台【だい】	①	（接尾・名）	台；台架，台子
馬【うま】	②	（名）	马
軒【けん】		（接尾）	栋，所
階段【かいだん】	⓪	（名）	楼梯，台阶
段【だん】	①	（接尾・名）	级；段；台阶
人間【にんげん】	⓪	（名）	人
一人【ひとり】	②	（名）	一人，一个人
蛙【かえる】	⓪	（名）	青蛙
生き物【いきもの】	③②	（名）	有生命的东西；生物
対【つい】	①	（接尾・名）	双，对
上着【うわぎ】	⓪	（名）	外衣；上衣
背広【せびろ】	⓪	（名）	（男子穿的）普通西装
シャツ【shirt】	①	（名）	衬衫
ズボン【フjupon】	①②	（名）	裤子（的总称）
服【ふく】	②	（名）	衣服
着【ちゃく】		（接尾）	（衣服的）件，套
下着【したぎ】	⓪	（名）	内衣，衬衣
靴【くつ】	②	（名）	鞋子
足【そく】		（接尾）	双
蟻【あり】	⓪	（名）	蚂蚁
蟋蟀【こおろぎ】	①	（名）	蟋蟀，蛐蛐
蚯蚓【みみず】	⓪	（名）	蚯蚓
蝶々【ちょうちょう】	①⓪	（名）	蝴蝶
ひらひら	①	（副）	（蝴蝶等在空中）飞舞；飘扬；飘落
飛ぶ【とぶ】	②⓪	（自五）	飞，飞翔；飞溅；飘飞
専門家【せんもんか】	⓪	（名）	专家

ユニット2　訓示

登場人物：竹中（男性）　春木（女性）

竹中：今年、六月に、うちの社長は、社員に訓示しました。

春木：何を訓示しましたか?

竹中：「不況のもと、諦めることなく、このチャンスをピンチに置き換えることだよ」と。

春木：それは、「ピンチをチャンスに」の間違いでしょう。

竹中：そうでしょう。そこで、私は、「失礼ですけど、『チャンスに』ではないですか」と進言しました。

春木：へぇー。

竹中：ところが、9月に、会社は倒産しました。社長の訓示は事実でした。

新出単語

訓示【くんじ】	⓪	（名・他サ）	训示，谕告
竹中【たけなか】	②	（固）	（姓）竹中
社長【しゃちょう】	⓪	（名）	社长；总经理
社員【しゃいん】	①	（名）	（公司）职员
春木【はるき】	①	（固）	（人名）春木
不況【ふきょう】	⓪	（名）	（经）不景气，萧条
チャンス【chance】	①	（名）	机会，时机
ピンチ【pinch】	①	（名）	紧急关头；困境，危机局面
置き換える【おきかえる】	④③⓪	（他一）	替换，互换
そこで	③⓪	（接）	于是，因此；那么

進言【しんげん】	⓪	（名・他サ）	进言，建议，提意见
倒産【とうさん】	⓪	（名・自サ）	倒闭，破产
事実【じじつ】	①	（名・副）✍	事实；实际上

续表

1 日本語コーナーで、文法のことで議論しましょうか。

格助词：「で」。

解　说：接在表示场所的体言后，表示后续动词动作进行或发生的场所。对动作进行的场所提问时用「どこ」，意为"在……"

用　例：
○ 図書室で本を読みます。／在图书室看书。
○ どこでアルバイトをしていますか。／你现在在哪儿打工呀？

格助词：「で」。

解　说：接在表示主题的体言后，表示"就""关于"某事展开讨论或叙说。

用　例：
○ 学制改革で激論しました。／关于学制改革进行了激烈的争辩。
○ 卒業のことで話し合いました。／商议了关于毕业的事。

2 それはグッドアイディアと思います。

句　型：「～と思う」。

解　说：接在体言或活用词终止形（ナ形容词可为词干）后，用于表达说话人的主观判断、个人看法或意见，因此只用于第一人称或干脆省略主体。疑问形式可用于询问对方的判断、看法或意见。第三人称要用过去时「～と思いました」，或持续体「～と思っています」、「～と思っていました」的形式，意为"我认为……""我觉得……""我想……"。

用 例：

○ 今年の冬は寒くないと思います。/我想今年冬天不冷。

○ 日本語で何が一番難しいと思いますか。/你觉得日语中最难的是什么呢？

○ 彼女は昨日の映画が全然面白くないと思いました。/她觉得昨天的电影很无趣。

3 その言葉の難しさが分かりますか。

接尾词：「さ」。

解　说： 接在イ形容词、ナ形容词的词干后构成名词，表示状态和性质的程度。如「高さ」、「美味しさ」、「大変さ」、「なさ」等。要注意接在「良い・好い」后面时，只能读作「よさ」。

用 例：

○ 富士山の高さ、知っていますか。/知道富士山有多高吗？

○ 万里の長城の雄大さは良く覚えています。/清晰记得万里长城的雄伟。

○ 古い時代の良さはどこにありますか。/古时的好处在哪儿？

4 すると、何と驚いたことか…。

接续词：「すると」。

解　说： 为"条件→结果"型的接续词，置于两个句子之间，表示以前项为契机、条件，发生了后项行为或发现了后项事态；还可用于在对话中承接对方的发言。「すると」的前后项主语不同，后项多是说话人以旁观者的眼光来叙述的无意志性事项，意为"于是就""于是""那么说""就是说"。

用 例：

○ ドアを開けました。すると、知らない女性が立っていました。/一开门，发现门口站着一位陌生女士。

○ A：申し込みの締め切りは20日です。B：すると、あと2週間ありますね。/A：申请日期截止到20号。B：就是说，还有两个星期吧？

句　型：「～ことか」。

解　说：常与「どんなに・どれほど・何度・何と」等副词呼应，构成反问语气，表示强烈的肯定性感叹，意为"多么……啊"。

用　例：

○ 君にどんなに会いたかったことか。/我那时不知道有多想见你呀！

○ スマホは、何と便利なことか。/智能手机多么方便呀！

5 蜜柑をジュースにして、一緒に飲みましょうか。

句　型：「～を～にする」。

解　说：以「体言1を体言2にする」的形式，表示把前项事物变成（或转换成、培养成）后项事物，意为"把……做成……""使……成为……"。

用　例：

○ 客間を子供の部屋にしました。/把客房改成孩子的房间了。

○ 古いタオルを雑巾にして使っています。/把旧毛巾当作抹布使用。

6「諦めることなく、もう一度挑戦することだよ」と。

句　型：「～ことなく」。

解　说：接在动词终止形后，表示原本有可能采取的行为没有采取或不采取。也可表示原本有可能出现的情况不仅没有出现，反而出现了相反的情况，意为"不……""没……"。

用　例：

○ 迷うことなく別れました。/毫不犹豫地分手了。

○ 振り返ることなく、飛行機を登りました。/头也不回地就登机了。

○ 休むことなくせっせと働いています。/勤奋工作，不休息。

句　型：「～ことだ」。

解　说：接在动词终止形后，表示对特定对象（通常为上对下）的劝告、忠告或要求，意为"最好……"。

○ 今からしっかり勉強することですよ。/从现在开始认真学习吧。

○ 秘訣ですか。本を多く読むことですよ。/秘诀吗？那就是多读书哇。

○ 五十肩ですか。とにかくゆっくり休息することですね。/肩周炎吗？无论如何好好休养吧。

1. 次の漢字にふりがなをつけてください。

涙　蛙　小声　初耳　上着　人間　生き物　背広　置き換える

2. 下線部の仮名を漢字に直し、括弧に入れてください。

(1) わかもの(　　)ががいらいご(　　)をおお(　　)く使っています。

(2) このおも(　　)い荷物をたの(　　)みますよ。

(3) 日本語のぶんぽう(　　)はむずか(　　)しいとおも(　　)います。

(4) 面白いこばなし(　　)を一つもう(　　)しあ(　　)げます。

(5) 君のうし(　　)ろでと(　　)んでいる物は何ですか。

3. ☐の中から適切な外来語を選んで括弧に記入してください。

| ビジネス | ジグソーパズル | コンビニ | テレビ | シャツ |
| コーナー | ズボン | グッドアイディア | ピンチ | チャンス |

(1) 日本人は(　　)の場合、敬語を使います。

(2) 上に白い(　　)を着て、下に黒い(　　)を穿いている人は南さんですか。

(3) 中学校の時、毎晩宿題をやってから一時間ぐらい(　　)を見ていました。

(4) 私は仕事からの帰りに良く(　　)へ買い物に行きます。

(5) 急に(　　)が浮かびました。

(6) 先月から週に一回日本語(　　)で日本人の先生と会話の練習をして

います。

(7) 娘は(　　)で遊んでいます。

(8) 「(　　)は(　　)」というのはどういう意味ですか。

4. _____ から適切な量詞を選んで括弧に記入してください（すべての語は一回のみ使うこと）。

> ダース　　グラム　　キロメートル　　ボトル　　センチ　　セット
> カートン

(1) 中国の国土面積は960万平方(　　)です。

(2) 昨日お土産に父にタバコをワン(　　)、日本酒を1(　　)買いました。

(3) 弟は身長180(　　)です。

(4) この牛肉は100(　　)600円です。

(5) 昨日コンビニでタオルをツー(　　)買いました。

(6) 娘は昨日鉛筆を2(　　)買いました。

5. 適切な平仮名を括弧に入れ、文を作ってください。

(1) 子供達は公園(　　)遊んでいます。

(2) 留学すること(　　)両親と相談しました。

(3) 彼は息子(　　)医者(　　)する(　　)思っています。

(4) このネクタイはなんときれいなこと(　　)。

(5) 日本語を勉強してからこの映画の面白(　　)が分かりました。

6. 例を参考に、_____ の中から適切な語を選び、適切な形で文を作ってください。

> 説明します　　止めます　　降りません　　休みます　　寂しいです　　帰ります

例：李さんはもう(帰った)と思います。

(1) 体に悪いからタバコを(　　)ことです。

(2) 何度(　　)ことか。

(3) 彼は(　　)ことなく小説を書いています。

(4) 明日は雨が(　　)と思います。

(5) 一人暮らしの(　　)が分かりました。

7. A、B、C、Dの4つの選択肢の中から最適なものを選び、文を作ってください。

(1) 蝶々が_____飛んでいます。
　　A. そろそろ　　B. めちゃくちゃ　C. ひらひら　　D. いろいろ

(2) 毎日1時間ぐらい大きな声で朗読_____ことです。
　　A. します　　　B. する　　　　　C. しました　　D. した

(3) 今日は_____暖かいことか。
　　A. なんで　　　B. だって　　　　C. なんと　　　D. なんか

(4) 日本料理は美味しくて_____と思います。
　　A. 綺麗です　　B. 綺麗な　　　　C. 綺麗に　　　D. 綺麗だ

(5) 妹は自分の部屋_____音楽を聞いています。
　　A. に　　　　　B. も　　　　　　C. で　　　　　D. か

(6) これから英語の勉強_____中心_____します。
　　A. は　が　　　B. に　が　　　　C. と　に　　　D. を　に

(7) 失敗を_____ことなく行動してください。
　　A. 恐れます　　B. 恐れません　　C. 恐れない　　D. 恐れる

(8) ドアの前に立ちました。_____独りでに開きました。
　　A. それでも　　B. すると　　　　C. ですから　　D. そして

(9) 昨日背広を1_____、靴下を1_____買いました。
　　A. 着　足　　　B. 着　対　　　　C. 枚　足　　　D. 枚　対

(10) 息子は午前庭で蚯蚓を1_____掘りました。
　　A. 枚　　　　　B. 本　　　　　　C. 匹　　　　　D. 頭

8. 下記の文を日本語に訳してください。
  (1) 我妹妹觉得学日语很有意思。
  (2) 今天我在学校食堂吃饭。
  (3) 累了的时候，最好早点休息。
  (4) 虽然尺寸不一样，但重量是一样的。
  (5) 就旅游的事情给他打了电话。

9. 下記の文を中国語に訳してください。
  (1) 子供達が雪の中で遊んでいます。
  (2) 何かあった場合、先生に連絡することです。
  (3) 大雪でしたが、列車は遅れることなく京都に着きました。
  (4) 小鳥が死にました。妹がどんなに悲しむことか。
  (5) 彼は挨拶することなく帰りました。

10. 次の文章を読んで、後の問題に対する答えとして、最もよいものをA、B、C、Dから一つ選んでください。

> 私は旅行が好きです。夏休みに良く旅行に行きます。去年は友達と四川へ行きました。四川料理は辛いですが、とても美味しいです。
> 今年の夏休みは大学のクラスメートと北京へ行きました。北京に友達がいます。彼女は北京の大学で日本語を勉強しています。一緒に万里の長城など行きました。万里の長城は本当に素晴らしいと思いました。北京ダックも食べました。とても美味しかったです。

  (1) 四川料理はどうですか。
    A. 辛いです   B. 美味しいです
    C. 辛いから、美味しくないです   D. 辛いですが、美味しいです
  (2) 何人で万里の長城へ行きましたか。
    A. 1人   B. 2人
    C. 3人   D. 4人

（3）次の文のうち、正しくないものはどれですか。
　　A. 私は今年北京へ行きました
　　B. 私は大学生です
　　C. 私は北京ダックを食べました
　　D. 私は万里の長城だけ行きました

補充語彙

荷物【にもつ】	①	（名）	行李；货物；负担
敬語【けいご】	⓪	（名）	敬语
穿く【はく】	②⓪	（他五）	穿（下半身衣服、鞋、袜等）
毎晩【まいばん】	①⓪	（名）	每天晚上
急【きゅう】	⓪	（ナ形・名）	突然；急迫，危急
浮かぶ【うかぶ】	③⓪	（自五）	想到；漂，浮，飘
国土【こくど】	①	（名）	国土，领土
面積【めんせき】	①	（名）	面积
平方【へいほう】	⓪	（接尾・名）	（面积单位）平方；（数学）平方
身長【しんちょう】	⓪	（名）	身高
牛肉【ぎゅうにく】	⓪	（名）	牛肉
タオル【towel】	①	（名）	毛巾
留学【りゅうがく】	⓪	（自サ・名）	留学
相談【そうだん】	⓪	（他サ・名）	商量，商谈，磋商
息子【むすこ】	⓪	（名）	儿子；男孩
ネクタイ【necktie】	①	（名）	领带
何度【なんど】	①	（名）	几次，屡次，再三
一人暮らし【ひとりぐらし】	④	（名）	一个人生活，独身生活
止める【やめる】	③⓪	（他一）	（习惯等）忌；停止，作罢
朗読【ろうどく】	⓪	（他サ・名）	朗读，朗诵
暖かい【あたたかい】	④	（イ形）	暖和的；温暖的，热情的
自分【じぶん】	⓪	（名）	自己

续表

単語	アクセント	品詞	意味
中心【ちゅうしん】	⓪	（名）	中心，核心；中央
行動【こうどう】	⓪	（自サ・名）	行动
恐れる【おそれる】	③	（他一）	害怕，惧怕；担心
立つ【たつ】	①	（自五）	站，立；冒
独りでに【ひとりでに】	⑤⓪	（副）	自动地，自然（而然）
開く【ひらく】	②	（自他五）	打开；开放；举办
掘る【ほる】	①	（他五）	挖出；凿，刨
連絡【れんらく】	⓪	（自サ・名）	联系，通信
大雪【おおゆき】	⓪	（名）	大雪
列車【れっしゃ】	⓪	（名）	列车
小鳥【ことり】	⓪	（名）	小鸟
死ぬ【しぬ】	②⓪	（自五）	死；没生气
どんなに	①	（副）	如何，怎样，多么
悲しむ【かなしむ】	③	（他五）	感到悲伤，悲痛，悲哀
辛い【からい】	②	（イ形）	辣的；严格的；刻薄的
クラスメート【classmate】	④	（名）	同学
万里の長城【ばんりのちょうじょう】	①―⓪	（固）	万里长城
素晴らしい【すばらしい】	④	（イ形）	宏伟的；极美的，绝佳的

「こんな言葉(ことば)に要注意(ようちゅうい)」

公司里不能对上司使用慰问、鼓励、赞扬或暗示意味的言辞。

表示慰问的话语：「さすがですね」、「やりましたね」、「たいしたものですね」、「頑張(がんば)ってください」等不能对上司使用。

慰问和鼓励一般是上级对下级的行为；赞扬是对对方技术或能力的评价，用在上司身上都是不礼貌的。

暗示能力的言辞，如：「部長はエクセルを使いますか」、「今の説明、分かりましたか」，等等。这些说法在公司不能对上司使用。上司有上司的威严和自尊。上述说法可能会使上司因不得不承认"不会"或"不懂"而觉得有失尊严。此外，如果上司真的不懂，自己被问及的时候，也不能说「教えます」，不妨先记住这个说法（相应的尊敬语语法以后会出现）：「ご説明いたします/请让我说明」。

第 7 課

面白い会話

　　在外语学习中，听力、背诵（输入）、会话和翻译（输出）是有机的组成部分，缺一不可。但是机械的背诵和使用容易让人因枯燥而疲倦，降低学习效率。因此，如何让输入和输出都变得生动有趣是提高学习效率的方法之一。譬如，输入中的"生词记忆"可尽可能采取输出联想法。上一课学过的日语「蚯蚓」，读作「ミミズ」，稍做记忆后在输出任务的会话中联想成「水が欲しくて、『み、水』と言う虫は何ですか/想喝水，说"水、水呀"的虫子是什么？」，「ミミズ」这个生词就在输入和输出的联动过程中活了，不再是一个苍白的单词，而是同学们脑海里有机的知识存在。

　　本课提示了如何让输出变得生动有趣的方法，供同学们举一反三地灵活应用。

要点

1. 形式体言「こと」。
2. 句型「〜ができる」、"体言＋「を」＋イ形容词或ナ形容词连用形＋「する」"、"イ形容词或ナ形容词连用形＋「なる」"。
3. 常体。
4. 助词「に」、「でも」、「で」。
5. 接尾词「み」。

核心句型会话（核心文型会話）

① A：ここで煙草を吸うことができませんね。
　 B：ええ。飲酒もできなくて辛いです。

② A：音を小さくして。うるさい！
　 B：君は私の父に似て、言葉に温かみがないね。

③ A：一年生でもその良さが分かるでしょうか。
　 B：はい。一年生には、ちょうどいい本ですよ。

④ A：彼は、何を考えているんでしょうか。
　 B：どうしたんですか。
　 A：言うこととやることが全然違うので、嫌になります。
　 B：それだけで嫌になりますか。気が小さいですね。

第7課　面白い会話

新出単語

飲酒【いんしゅ】	⓪	（名・自サ）	饮酒
辛い【つらい】	⓪②	（イ形）→	痛苦的；难过的
うるさい	③	（イ形）→	吵闹的；烦人的
君【きみ】	⓪	（代）→	你
似る【にる】	②⓪	（自一）→	相似
温かい【あたたかい・あったかい】	④	（イ形）→	温暖的，热情的；暖和的
一年生【いちねんせい】	③	（名）	一年级学生
良さ【よさ】	①	（名）	好处，长处
ちょうど【丁度】	③⓪	（副）→	正好，恰好
彼【かれ】	①	（代・名）→	他；男朋友
考える【かんがえる】	④③	（他一）→	考虑，想
やる	⓪	（他五）→	做，干
嫌【いや】	②	（ナ形）→	讨厌的，厌恶的
気が小さい【きがちいさい】		（慣）→	气量小；度量小；胆子小

课文（本文 ほんぶん）

会話を面白くして練習しましょう

「子供は親に似ている」

　これは、「～に似ている」を教える教科書の一文です。

　これを使って、普通、私達は、「私は父に似ている」とか、「彼女はお母さんに似ている」とか、「人間は猿に似ている」とか文を作って練習します。

　でも、その練習は面白いですか。答えはたぶんノーでしょう。

人間の脳は、つまらない内容を早く忘れ、面白い内容を長く覚える「能力（脳力）」がありますから、この意味で、外国の言葉を練習するとき、面白みのある話題を考えることが大切です。

面白さは、言葉を記憶に長く留める決め手の一つです。

同じ「～に似ている」の練習をする会話でも、ほんのちょっとの工夫で面白さが大分違います。

例えば、

「お祖父さんの顔は面白い」

「何故だ?」

「猿に似ているから」

「失礼だね!」

「わぁ、お祖父さん、怖い!」

どうですか。ちょっと面白くなったでしょう。

では、次の会話の良さも分かりますか。

「お祖父さんの顔は面白い」

「何故だ?」

「猿に似ているから」

「違う、違う。お祖父さんが猿に似ているんじゃなくて…」

「じゃなくて?」

「猿がお祖父さんに似ているんだよ」

日常生活の中には、面白い会話のネタがあちこちに転がっています。一つ一つ拾い上げ、少し工夫を加え、発想を変え、会話を面白くして練習しましょう。

第 7 課　面白い会話

新出単語

面白い【おもしろい】	④	（イ形）	有趣的；愉快的
教える【おしえる】	④⓪	（他一）	教；告诉
一文【いちぶん】	⓪	（名）	一个句子，一句话；一篇短文
猿【さる】	①	（名）	猿猴
ノー【no】	①	（名・感・接頭）	不，不是；没有；禁止
脳【のう】	①	（名）	大脑；脑力，智力
内容【ないよう】	⓪	（名）	内容
つまらない	③	（イ形）	没有意义的；无聊的；不值钱的
脳力【のうりょく】	①	（名）	脑力
意味【いみ】	①	（名）	意义，含义；意思
外国【がいこく】	⓪	（名）	外国，国外
話題【わだい】	⓪	（名）	话题
大切【たいせつ】	⓪	（ナ形）	重要的，要紧的；珍惜的
記憶【きおく】	⓪	（名・他サ）	记忆；存储
留める【とどめる】	③	（他一）	保留，留下；停下
決め手【きめて】	⓪	（名）	决定性根据（证据、手段、方法）；决定问题的人
ほんの	⓪	（連体）	仅仅，少许，一点点
工夫【くふう】	⓪	（名・他サ）	想办法，下功夫
大分【だいぶ】	③⓪	（副）	很，颇，相当地
怖い【こわい・恐い】	②	（イ形）	令人害怕的，可怕的
なる【成る】	①	（自五）	变，变成
日常【にちじょう】	⓪	（名）	平时，平常
生活【せいかつ】	⓪	（名・自サ）	生活
ネタ	⓪	（名）	（「たね【種】①」的倒语）素材
あちこち	②③	（名・代）	到处
転がる【ころがる】	④⓪	（自五）	有，放着；滚；倒下
一つ一つ【ひとつひとつ】	⑤	（副）	一个个地，逐个地
拾い上げる【ひろいあげる】	⑤	（他一）	挑出；捡起，拾起

加える【くわえる】	④③⓪	（他一）→	加以，施加；添加
発想【はっそう】	⓪	（名・他サ）	主意，想法
変える【かえる】	⓪	（他一）→	改变，改换

续表

基础会话
(基礎会話)

ユニット1　資格

登場人物：南(女性)　　西(男性)

南：西さん、何か変わった資格を持っているそうですね。

西：何でしょう。「火薬類製造保安責任者」の資格のことかな？

南：何それ？どんなことができるんですか？

西：実は…秘密にしてね…火薬を製造することができます。

南：すごーい！

西：それから、火薬を保管することもできます。

南：格好いいですね。

西：いやいや、それほどでも…実は、それで、もっと格好いいことができますよ。

南：何ですか。何ができるんですか？

西：かやくをカップラーメンの中に入れることです。

南：それ、資格は要らないでしょう。私でもできますよ。

第7課　面白い会話

新出単語

資格【しかく】	⓪	（名）	资格；身份
火薬【かやく】	⓪	（名）	火药，炸药
類【るい】		（造）✍	……类
製造【せいぞう】	⓪	（名・他サ）	制造，生产
保安【ほあん】	⓪	（名）	保安，治安
責任者【せきにんしゃ】	③	（名）	负责人
実は【じつは】	②	（副）✈	说真的，老实说
保管【ほかん】	⓪	（名・他サ）	保管
格好【かっこう・恰好】	⓪	（名・ナ形・接尾）	样子，外形；装束，打扮
格好いい【かっこういい】		（慣）✈	姿态好，酷，帅
それほど【其れ程】	⓪	（副）✈	那么，那样（程度）
かやく【加薬】	⓪	（名）	调味料，佐料；菜码儿，面码儿
カップラーメン【cup・（ド）Rahmen】	④	（名）✍	杯面

ユニット2　勘違い

登場人物：張（男性）　栗栖（男性）　外国人（男性）

張：電車、混んでいますね。

栗栖：7時半で、ラッシュですから。

張：中へ移動しましょうか。

栗栖：通路の真ん中に体の大きい外国の方が立っているので、無理ですよ。

張：あの和服を着ている外国人ですね。大丈夫ですよ。任せてください。…エクスキュズ・ミー。

外国人：Oh! Can you speak English?

張：（身振り手振り）ノー、ソーリー。アイ…アイ…。

外国人：So you speak mandarin?

張：ウェイト・ア・ミニット。(栗栖へ耳打ち) 栗栖さん、マンダリンとは何ですか。

栗栖：(小声で) すみません。この頃、一回も英会話の授業に出ていないので…。

張：(小声で) 栗栖さんも授業をサボってるんですか。困りましたね。(外国人へ) ノー、ノー、アイ・アム・ソーリー。

外国人：You're welcome. (独り言) この二人はどこの国の人？中国人に似ているけど、中国語が一つもできなくて可笑しいね…。

新出単語

電車【でんしゃ】	⓪①	(名)	城铁
混む【こむ】	①	(自五) ✈	拥挤，混杂
半【はん】	①	(名) ✍	半
ラッシュ【rush】	①	(名)	拥挤；热潮
移動【いどう】	⓪	(自他サ・名)	移动，转移
通路【つうろ】	①	(名)	过道，通道
立つ【たつ】	①	(自五) ✈	站，立；冒起
無理【むり】	①	(ナ形・名・自サ) ✈	难以达到；无理；强行
和服【わふく】	⓪	(名)	和服
外国人【がいこくじん】	④	(名)	外国人
任せる【まかせる】	③	(他一) ✈	托付，委托
エクスキュズ・ミー【excuse me】		(慣) ×	对不起，打扰一下，劳驾
身振り手振り【みぶりてぶり】	①+①	(名) ✈	比比画画，指手画脚
ソーリー【sorry】	①	(感) ×	对不起，不好意思
ウェイト・ア・ミニット【wait a minute】		(慣) ×	等一等，请稍等片刻

续表

耳打ち【みみうち】	⓪③④	（自サ・名）	耳语
マンダリン【mandarin】	⓪	（名）×	普通话
この頃【このごろ】	⓪	（名）	近来，这些天来
英会話【えいかいわ】	③	（名）	英语口语
サボる	②	（自五）	逃学，旷课；偷懒（「サボタージュ」の略の「サボ」を動詞化した語）
困る【こまる】	②	（自五）	为难；穷困
アイ・アム・ソーリー【I am sorry】		（慣）×	对不起
独り言【ひとりごと】	⓪⑤④	（名）	自言自语
国【くに】	⓪	（名）	国家；家乡
中国人【ちゅうごくじん】	④	（名）	中国人

综合解说
(綜合解説)

1 ここで煙草を吸うことができませんね。

形式体言：「こと」。

解　说：一般来说，可直接充当句子主语、宾语等成分的是体言，用言和句子不能直接后续助词作主语、宾语等。因此，用言和句子在充当主语或宾语等成分时需将其体言化。能使用言、句子等体言化的词，在日语中被称为形式体言（「形式体言」）。「こと」来自实质名词「事」，接在活用词连体形后，使句子或用言体言化，其本身已完全脱离了「事」的意义，表示前面用言所限定的事情、情况、意义、内容等。

用　例：

○ 英語を話すことは難しい（こと）です。/说英语是件不容易的事。

○ 私の言ったこと、覚えていますか。/我说过的你还记得吗？

句　型：「～ができる」。
解　说：我们已经学过自动词「できる」，表示"做好""做完"，也可表示"能力"或"可能"。用「～ができる」接在体言后的形式，表示能够做某事，意为"够……""会……"。亦可用"サ变动词词干+「できる」"的句式，表示能够进行该动作。如果强调或比较，则可用「～はできる」、「～もできる」句式。

用　例：

○ A：日本語ができますか。B：はい、少しできます。/A：你会日语吗？B：是的，我会一点。

○ ここで勉強できませんか。/不可以在这学习吗？

○ 私はピンポンはできますが、テニスはできません。/我会打乒乓球，但不会打网球。

○ あの人は、フランス語もできますよ。/那个人也会法语。

2 音を小さくして。うるさい！

句　型：体言+「を」+イ形容词或ナ形容词连用形+「する」。
解　说：イ形容词连用形是将词尾「い」变成「く」，ナ形容词连用形是将词尾「だ」变成「に」（也可以理解为"ナ形容词词干+「に」"），表示主体从主观意识上对某事物施加作用，使其状态发生变化，意为"把……弄成……""使……变得……""使……成为……"。

用　例：

○ 日本語には人の心を温かくする言葉がたくさんあります。/日语中有很多能让人心暖的话语。

○ 料理を美味しくする方法はいろいろあるでしょう。/做出美味佳肴的方法有很多吧。

○ 教室を綺麗に掃除しました。/把教室打扫干净了。

常　体：うるさい。
　　　　这句话为说话者的情绪表达（不满、愤怒），在日语中，自言自语、惊讶、生气不满时或亲密的同辈朋友、家人之间常用的语体为常体。

日语文体可以分为敬体「です・ます体」和常体「だ・である体」，即以「です」、「ます」结句的称为敬体。我们至今学习的都是敬体。与此相对，不用「です」、「ます」结句的就是常体。

各类词现在时的敬体和常体对照一览表

词类	敬体	例句	常体	例句
动词	読みます。 読みません。	本を読みます。 本を読みません。	読む。 読まない。	本を読む。 本を読まない。
イ形容词	寒いです。 寒くないです。	今日は寒いです。 今日は寒くないです。	寒い。 寒くない。	今日は寒い。 今日は寒くない。
ナ形容词	綺麗です。 綺麗ではありません。	桜が綺麗です。 桜が綺麗ではありません。	綺麗だ。 綺麗ではない。	桜が綺麗だ。 桜が綺麗ではない。
名词	日曜日です。 日曜日ではありません。	今日は日曜日です。 今日は日曜日ではありません。	日曜日だ。 日曜日ではない。	今日は日曜日だ。 今日は日曜日ではない。

3 君は私の父に似て、言葉に温かみがないね。

格助词：「に」。

解　说：接在体言后，表示动作、作用或状态的基准。

用　例：

○ 子供に勝る宝物はありません。/没有比小孩更宝贵的了。

○ ちょっと厳しさに欠けていますね。/有点儿缺乏严厉。

○ ここは買い物に便利です。/这儿买东西方便。

○ 彼には好いアドバイスだと思います。/对他来说是个好建议。

接尾词：「み」。

解　说：接在イ形容词或ナ形容词的词干后构成名词，表示某种性质、状态及感觉。也可写作日语汉字「味」，主要用于构成表达感觉、情感、样子等抽象内容或颜色、味道等的名词，如「暖かみ」「赤み」「厚み」「甘み」「新鮮み」，意为"……劲儿""……味""……意""……样"。

用　例：
- ○ ちょっと可笑しみがあります。/有点儿可笑。
- ○ 深みのある本が好きです。/喜欢有深度的书籍。

4　一年生でもその良さが分かるでしょうか。

提示助词：「でも」。

解　说：接在体言或部分助词后，提示某一极端或特殊的条件，表示逆接。参见第1册第9课"综合解说"。意为"纵令……""即使……也……""尽管……也……"。

用　例：
- ○ 雨でも風でも行きます。/即使刮风下雨也要去。
- ○ 日曜日でも休みません。/即便周日也不休息。

5　嫌になります。

句　型：イ形容词或ナ形容词连用形 +「なる」。

解　说：「なる」接在イ形容词连用形（く形）、ナ形容词连用形（词干 +「に」）后，表示事物性质或状态的自然变化，意为"变为""变成"。

用　例：
- ○ 日本人の友達が多くなりました。/日本人的朋友多了起来。
- ○ 日本語がだんだん好きになりました。/逐渐喜欢上了日语。

6　それだけで嫌になりますか。

格助词：「で」。

解　说：接在体言后，表示根据、理由，意为"由于……""按照……"。

用　例：
- ○ こういう事情で、あなたとは結婚できません。/由于这个原因，我与您无法结婚。
- ○ 先生の一言で、私の進路が決まりました。/老师的一句话，决定了我的下一步方向。

○ そういうわけで、留学（りゅうがく）は諦（あきら）めました。／由于这个原因放弃了留学。

1. 次の漢字にふりがなをつけてください。

　　独り言　嫌　猿　怖い　加える　耳打ち　困る　面白い　転がる

2. 下線部の仮名を漢字に直し、括弧に入れてください。

（1）がいこくじん（　　）だから、むり（　　）に漢字を書かなくてもいいです。

（2）みぶ（　　）りてぶ（　　）りで説明します。

（3）ラッシュアワーのでんしゃ（　　）はいつもこ（　　）んでいます。

（4）あのえいかいわ（　　）を教えている先生は、どこのくに（　　）の方ですか。

（5）面白いないよう（　　）がきおく（　　）に長くとど（　　）めるそうです。

3. 下記の語を適切な形に直し、空欄を埋めてください。そして、語の品詞も書き入れてください。

敬体	読みました		要りません		眠たかったです
常体		暑くない		ブランコだ	
词类					
敬体		起こします	真面目です	書いています	
常体	綺麗だった				砂糖ではない
词类					

4. 適切な平仮名を括弧に入れ、文を作ってください。

（1）私は中国人です（　　）、中国語（　　）教える（　　）（　　）（　　）できません。

（2）あまり良く見えないので、文字（もと）（　　）大き（　　）しました。

（3）この映画は面白さ（　　）欠（か）けています。

(4) この町は夜(　　)(　　)賑やか(　　)なります。

(5) この西瓜は大きいですが、甘(　　)があまりありません。

(6) 昨日、病気(　　)学校へ行きませんでした。

(7) これは子供(　　)(　　)分かる簡単な質問です。

5. 例を参考に、☐の中から適切な語を選び、「する」か「なる」の適当な形を使って、下線に書き入れてください(すべての語は一回のみ使うこと)。

> 静かだ　短い　大好きだ　暖かい　易しい　上手だ　綺麗だ　大切だ

例文：音が小さいから、＿＿＿＿(する/なる) てください。
　　　→音が小さいから、＿大きくし＿ てください。

(1) 寒いから、暖房をつけて、部屋を＿＿＿＿(する/なる) てください。

(2) 日本に来てから、嫌いだった納豆が＿＿＿＿(する/なる) ました。そして、日本語も＿＿＿＿(する/なる) ました。

(3) 家族と一緒にいる時間を＿＿＿＿(する/なる) ています。

(4) ここは病院ですから、＿＿＿＿(する/なる) てください。

(5) このズボンはちょっと長いです。明日、仕立て屋へそれを＿＿＿＿(する/なる) に行きます。

(6) 学生達は昨日大掃除をしました。学校は＿＿＿＿(する/なる) ました。

(7) 子供の時難しいと思う問題は、中学校に入ってから徐々に＿＿＿＿(する/なる) と思います。

6. 例を参考に、☐の中から適切な語を選び、適当な形に直し下線に書き入れてください(すべての語は一回のみ使うこと)。

> 話します　買います　弱い　赤い　行きます　書きます

例文：日本語で長い文を＿＿＿＿ことができます。
　　　日本語で長い文を＿作る＿ことができます。

（1）学校までそんなに遠くないので、歩いて＿＿＿＿＿＿＿ことができます。

（2）私はフランス語を＿＿＿＿＿＿＿ことはできますが、＿＿＿＿＿＿＿ことはできません。

（3）お金（かね）がありませんから、新しい鞄を＿＿＿＿＿＿＿ことができません。

（4）先生の説明によれば、この動物に＿＿＿＿＿＿＿がないそうです。

（5）日焼（ひや）けで顔に＿＿＿＿＿＿＿が出て痒いです。

7. A、B、C、Dの4つの選択肢の中から最適なものを選び、文を作ってください。

（1）外は暗く＿＿＿＿＿＿＿から、早く帰りましょう。
  A. しています   B. します
  C. なっています   D. なりません

（2）黒板（こくばん）の字（じ）がとても小さいです。もう少し＿＿＿＿＿＿＿。
  A. 大きになってください B. 大きにしてください
  C. 大きくなってください D. 大きくしてください

（3）中国語＿＿＿＿＿＿＿自己紹介＿＿＿＿＿＿＿できますか。
  A. で が B. に が C. の で D. に で

（4）家族と一緒に食事する＿＿＿＿＿＿＿は一番の楽しみです。
  A. ひと B. こと C. もの D. とこ

（5）お金（かね）のない＿＿＿＿＿＿＿が分かりますか。
  A. 苦しみ B. 痛み C. 甘み D. 深み

（6）運動（うんどう）は体＿＿＿＿＿＿＿いいですから、毎日しています。
  A. の B. な C. が D. に

（7）日本人＿＿＿＿＿＿＿分からない日本語がありますか。
  A. で B. とも C. でも D. と

（8）当日（とうじつ）のビデオが見付（みつ）かったので、事件（じけん）の真相（しんそう）がそろそろ明らか＿＿＿＿＿＿＿でしょう。
  A. にする   B. になった
  C. になる   D. にしった

(9) 私の不注意＿＿＿＿実験が失敗しました。
　　A. も　　　　B. が　　　　C. で　　　　D. に
(10) 見て、あの人はお母さんに＿＿＿＿ですよ。
　　A. そっくり　　　　　　B. ゆっくり
　　C. ばっちり　　　　　　D. やっぱり

8. 下記の文を日本語に訳してください。

(1) 最近非常忙，即使周日也没办法休息。
(2) 把孩子的照片缩小，放在钱包里。
(3) 这两三个月猪肉价格便宜了。
(4) 让会话变得有趣，就是要多下各种功夫。
(5) 听说这部辞典对学习日语有好处。

9. 下記の文を中国語に訳してください。

(1) 外で仕事している若者達が皆帰って来たので、この小さな村が又賑やかになった。
(2) ここは海に近いですが、山に遠いです。
(3) この本はとても簡単で、子供でも読むことができます。
(4) 転びましたが、あまり痛みの感じがありません。
(5) 私はダイエットで甘いものを食べなくなりました。

10. 次の文章を読んで、後の問題に対する答えとして、最もよいものをA、B、C、Dから一つ選んでください。

私は女子高校生です。来年、大学に行きます。私の趣味は写真を撮ることです。そして、旅行することも大好きです。今年の冬休み、両親と京都へ行きました。漢字がたくさんあるので、不便なところがあまりありませんでした。ご飯を食べることも電車に乗ることも簡単にできました。私たちは北海道へも行きました。雪が降って寒かったですが、スキーができてとても楽しかったです。

（1）筆者はどこへ行きましたか。

  A．大学　　　　B．高校　　　　C．日本　　　　D．中国

（2）筆者は「不便なところがあまりありません」と書きましたが、どうしてですか。

  A．漢字がたくさんありますから　　B．家族と一緒に行きましたから

  C．料理が美味しいから　　　　　　D．簡単ですから

（3）次の文のうち、正しいのはどれですか。

  A．日本語が全部分かりました。

  B．京都は暖かかったです。

  C．雪でもスキーに行きました。

  D．日本は便利です。

補充語彙

語	アクセント	品詞	意味
ラッシュアワー【rush hour】	④	（名）	（交通）高峰时间；拥挤时间
見える【みえる】	②	（自一）	看得见；看起来是
文字【もじ】	①	（名・接尾）	文字；词语
欠ける【かける】	③⓪	（自一）	缺乏；不完整；缺损
西瓜【すいか】	⓪	（名）	西瓜
暖かい【あたたかい】	④	（イ形）	温暖的；热情的
寒い【さむい】	②	（イ形）	寒冷的；胆怯的
病院【びょういん】	⓪	（名）	医院
仕立て屋【したてや】	⓪	（名）	裁缝店；服装店
大掃除【おおそうじ】	③	（名・他サ）	大扫除；肃清
弱い【よわい】	②	（イ形）	软弱的，脆弱的
金【かね】	⓪	（名）	钱
日焼け【ひやけ】		（名・自サ）	日晒，晒黑；干涸
黒板【こくばん】	⓪	（名）	黑板
字【じ】	①	（名）	文字、汉字

续表

運動【うんどう】	⓪	（名・自サ）	运动
当日【とうじつ】	⓪	（名）	当天
ビデオ【video】	①	（名）	录像，录像带
見付かる【みつかる】	④⓪	（自五）	被发现，能发现
事件【じけん】	①	（名）	事件，社会话题事件；案件
真相【しんそう】	⓪	（名）	真相
不注意【ふちゅうい】	②	（ナ形）	不注意的，粗心大意的
実験【じっけん】	⓪	（名・他サ）	实验，试验；经验
そっくり	③	（副・ナ形）	完全；一模一样
皆【みな】	②⓪	（名・副・代）	全部，大家；毫不保留
海【うみ】	①	（名）	海；湖
遠い【とおい】	③⓪	（イ形）	远的；时间间隔长的；疏远的
転ぶ【ころぶ】	③⓪	（自五）	跌倒；滚转
痛い【いたい】	②	（イ形）	疼的；痛苦的
女子【じょし】	①	（名）	女性，女子；女儿，姑娘
趣味【しゅみ】	①	（名）	兴趣，爱好；（业余）爱好
撮る【とる】	①	（他五）	拍摄，照相
冬休み【ふゆやすみ】	③	（名）	寒假
北海道【ほっかいどう】	③	（固）	（日本地名）北海道
スキー【ski】	②	（名）	滑雪

第 8 课

ネタ

　　浦田去面试，他的自我介绍却暴露了他说的话都是假的。

　　小张邀请滨口一同去采草莓。滨口似乎对小张有好感，欣然同往。途中看见记者采访摘梨子的场面。小孩在回答记者提问时无意中说的一句话让小张觉得非常有趣，小张决定把这句话收录到自己的趣事见闻中。

> **要点**
>
> 1. 句型「～をする」、"「お」＋动词连用形（マス形）＋「です」／「ご」＋サ变动词词干＋「です」"、「～ませんか」、「～ないでください」、「～ていてください」。
> 2. 助词「で」、「と」、副词「こうして（そうして、ああして）」。
> 3. 形式体言「の」。

❶ A：新幹線ですと、1時間も要りませんよ。

B：じゃ、それで行きます。

❷ A：青い顔をして、大丈夫ですか。お疲れなんじゃないですか。

B：はい、残業でくたくたに疲れています。

❸ A：あまり無理をしないでくださいね。じゃ、一緒にコーヒーを飲みませんか。

B：いや、今お茶を飲んだので、いいです。

❹ A：動かないで。ちゃんと座っていてください。

B：でも、こうしてずっと座っているのは大変です。

新出単語

新幹線【しんかんせん】	③	（名）	新干线（在日本高速铁路干线上运行的列车）
疲れ【つかれ】	③	（名）✈	疲劳，疲惫
くたくた	⓪	（ナ形・副）🔊	筋疲力尽，疲惫不堪
コーヒー【coffee/オkoffice】	③	（名）🔊	咖啡
こうして	⓪	（副・接）✈	这样，如此；（根据前面事实叙述下文）于是
ずっと	③⓪	（副）✈	一直，始终；……得多

课文（本文）

面接と散策

浦田さんは面接を受けました。彼の自己紹介は宜しいでしょうか。

また、もうすぐ小テストがあるので、浜口さんは先週から予習や復習をしていました。張君は、勉強で疲れた浜口さんをイチゴ狩りに誘いました。二人は外出の準備をして、自転車で郊外へ行きました。途中に梨畑があり、テレビ局が取材をやっていました。張君は、その受け答えを面白く聞き、会話のネタをもらいました。

さて、その梨畑の梨は美味しいでしょうか。

新出単語

面接【めんせつ】	⓪	（名・自サ）	面试
散策【さんさく】	⓪	（名・自サ）	散步，随便走走
浦田【うらた】	①	（固）	（姓）浦田
自己【じこ】	①	（名）	自我
紹介【しょうかい】	⓪	（名・他サ）	介绍
小【しょう】		（接頭）	小，小型
疲れる【つかれる】	③	（自一）	疲劳，累
イチゴ【苺】	⓪①	（名）	草莓；杨梅
狩り【がり】		（接尾）	采集
誘う【さそう】	③⓪	（他五）	约，邀请；引诱
外出【がいしゅつ】	⓪	（名・自サ）	出门，外出
自転車【じてんしゃ】	②⓪	（名）	自行车
郊外【こうがい】	①	（名）	郊外
途中【とちゅう】	⓪	（名）	途中，路上
梨【なし】	②⓪	（名）	梨
畑【はたけ】	⓪	（名）	田地，旱田；专业领域
テレビ局【テレビきょく】	④	（名）	电视台
取材【しゅざい】	⓪	（名・自他サ）	采访，取材
受け答え【うけこたえ】	⓪	（名・自サ）	对答，应答
さて	①	（接）	且说，那么；然后

ユニット1　面接

面接官：それでは、お名前をどうぞ。

浦田：はい。私は、浦田と申します。よろしくお願いします。

第8課 ネタ

面接官：浦田さん。では、最初の質問です。まず、ご自分の長所を紹介してください。

浦田：はい、私は、気は優しくて力持ち、上司には忠実、同僚の良き友人で、部下には大変優しく接しております。

面接官：ほほう、なかなか優秀ですね。では、短所をどうぞ。

浦田：短所ですね…1つだけあります。

面接官：それは何でしょうか。

浦田：申し上げるのは恥ずかしいのですが。

面接官：人間は誰でも短所があります。遠慮なく仰ってください。

浦田：はい…それは…良く嘘を吐くことです。

新出単語

面接官【めんせつかん】	④	（名）	面试官
最初【さいしょ】	⓪	（名）	最初，起初
自分【じぶん】	⓪	（名・代）	自己；我
長所【ちょうしょ】	①	（名）	长处，优点
優しい【やさしい】	⓪③	（イ形）	和蔼的，和亲的；恳切的，体贴的
力持ち【ちからもち】	③⑤	（名）	有力气，身强力壮的人，大力士
上司【じょうし】	①	（名）	上司，上级
忠実【ちゅうじつ】	⓪	（ナ形）	忠实，忠诚；照原样
同僚【どうりょう】	⓪	（名）	同事，同僚
良き【よき】	①	（連体・名）	（文语形容词「よし」的连体形，作连体词用）好；吉祥

续表

部下【ぶか】	①	(名)	部下，属下
接する【せっする】	④⓪③	(自他サ)	对待，接待；邻接；靠近
おる	⓪	(自五)	多以「～ております」的形式，「いる」的程度较低的礼貌语
ほほう	⓪	(感)	啊（感叹之声）
なかなか	⓪④	(副)	颇，很；轻易（不）
優秀【ゆうしゅう】	⓪	(ナ形・名)	优秀，优异
短所【たんしょ】	①	(名)	短处，缺点
恥ずかしい【はずかしい】	④	(イ形)	害羞的；不好意思的
嘘を吐く【うそをつく】		(慣)	说谎，撒谎
吐く【つく】	①②	(他五)	说出；呼吸，出气

ユニット2　梨の味

張：浜口さん、どうしたんですか。疲れた顔をして。

浜口：先週の土曜日からずっと小テストの準備や英語の復習などをしていたんで…。

張：一週間も？それはお疲れですね。今日は土曜日ですから、一緒にイチゴ狩りに行きませんか。

浜口：二人だけで？ちょっと怪しい雰囲気ではありませんか。

張：じゃ、李さんも誘って行きましょうか。

浜口：冗談ですよ。場所は遠いですか。

張：いいえ、全然。バスで10分もかからないでしょう。

第8課　ネタ

浜口：なら、自転車で行きましょう。ふ・た・り・乗・り・で。
張：あまり変なことを言わないでくださいよ。早く用意しましょう。
浜口：何を用意するんですか。
張：イチゴ狩りですから、タッパーが要るでしょう。それに、自転車で行くと、喉が渇くから、水筒も必要ですね。
浜口：じゃ、ちょっと待っていてください。すぐ戻ります。
…
張：浜口さん、遅かったですね。
浜口：すみません。日焼け止めのクリームを塗っていたので、ちょっと時間がかかりました。
張：なるほど、女性ですからね。じゃ、ちゃんと乗ってくださいよ。はい、出発進行！
浜口：やっぱり自転車はいいですね。空気が清々しくて美味しい！
張：僕はこうして風を切って走るのが大好きです。
浜口：ゆっくり走ってください。危ないですから。
張：あっ、ちょっと。(自転車を止める)
浜口：ええ？もう着いたのですか。イチゴ畑じゃなくて梨畑じゃないですか。
張：いいえ。テレビの取材をやっていますから、ちょっと見ましょう。
取材記者：坊や、ここの梨は美味しいですか。
子供：さあ。
取材記者：どんな味ですか。
子供：なし！
張：わあ。面白い。このネタいただき！さあ、行きましょう。

新出単語

怪しい【あやしい】	⓪③	(イ形)	奇怪的；可疑的
雰囲気【ふんいき】	③	(名)	气氛，氛围
場所【ばしょ】	⓪	(名)	地点，位置
遠い【とおい】	③⓪	(イ形)	远的；疏远的
かかる【掛(か)る】	②	(自五)	花费；悬挂
なら	①	(接)	（「それなら」的通俗说法）如果那样，那么
乗り【のり】	⓪	(接尾・名)	乘坐，搭乘
タッパー【Tupper】	①	(名)×	（「タッパーウェア【Tupperware】⑤」的缩略语）保存食品的塑料器具
喉【のど】	①	(名)	喉咙；嗓音
渇く【かわく】	②	(自五)	渴，干渴
水筒【すいとう】	⓪	(名)	水壶，水桶
戻る【もどる】	②	(自五)	返回；还原
日焼け止め【ひやけどめ】	⓪	(名)	防晒；防晒霜
クリーム【cream】	②	(名)	（化妆品）面霜；奶油
塗る【ぬる】	⓪	(他五)	擦，抹
時間がかかる【じかんが掛かる】		(慣)	花费时间
女性【じょせい】	⓪	(名)	女性
出発【しゅっぱつ】	⓪	(名・自サ)	出发；开头
進行【しんこう】	⓪	(名・自サ)	前进；进展
空気【くうき】	①	(名)	空气；气氛
清々しい【すがすがしい】	⑤	(イ形)	清爽的，清新的
風【かぜ】	⓪	(名)	风
切る【きる】	①	(他五)	冲开；切，割
風を切る【かぜをきる】		(慣)	迎风前进，逆风而行；大摇大摆
走る【はしる】	②	(自五)	行驶；跑，飞奔
危ない【あぶない】	⓪③	(イ形)	危险的
着く【つく】	①②	(自五)	到达，抵达
記者【きしゃ】	①②	(名)	记者

坊や【ぼうや】	①	（名）	（对男孩的爱称）小朋友，小男孩儿
なし【無し】	①	（名）	无，没有
いただく【頂く・戴く】	⓪	（他五）	（「もらう」的自谦语）领受；（「飲む・食べる」等的自谦语）喝，吃（课文中用的是转成名词的形式）

续表

综合解说（そうごうかいせつ）

1 新幹線ですと、1時間も要りませんよ。

接续助词：「と」。

解　说：接在活用词终止形后，表示假定或恒常条件，前项是后项的前提，意为"倘若……""如果……""一……就要……"。

用　例：

○ 舟で行くと時間がかかるでしょう。/坐船去的话很费时间吧。

○ そんな薬だと、あまり役に立ちませんね。/要是那种药的话，不怎么顶用。

2 青い顔をして、大丈夫ですか。お疲れなんじゃないですか。

句　型：「～をする」。

解　说：动词「する」的用法之一，接在描述事物或人的外表、形状、颜色、性质、生理特征等的名词或词组后，表示事物或人呈现的外形或样子，如「～体をする」、「～表情をする」、「～目をする」等。一般用"名词+「をしている」"的形式，或"名词+「をした/をしている」+名词"作定语的形式。

用　例：

○ 彼女は綺麗な顔をしています。/她长着漂亮的脸蛋。

○ あの子は大きな目をしていて可愛いです。/那孩子大大的眼睛，很

可爱。

○ あれは面白い形をした建物ですね。/那是一座呈现特色形状的建筑物啊。

句　型：「お」+动词连用形（マス形）+「です」/「ご」+サ变动词词干+「です」。

解　说：日语敬语之一。「お」后面使用动词连用形（マス形），サ变动词用"「ご」+サ变动词词干"，接「です」构成句型，用于身份、地位高的人的行为，表示轻微的敬意。有些表达已成为日常习惯用语，如「お出かけですか/（您）要出门吗?」。这个句型也可看作"「お」+转成名词+「です」/「ご」+サ变动词词干+「です」"的形式。对"转成名词"理解透彻的同学，这样记忆或许更便捷些。

用　例：

○ もう、お帰りですか。/这就回去了？

○ 今日はお早いお着きですね。/今天来得挺早哇！

○ 社長も午後の会議にご出席ですか。/总经理也会出席下午的会议吗？

○ この本は、もうお読みでしたか。/这本书您已经读了？

○ これからお帰りですね。/您现在回去啊。

3 残業でくたくたに疲れています。

格助词：「で」。

解　说：接在体言后，表示后续事项客观的、直接的原因和理由，后面一般不使用劝诱、命令、意志等语气的句子，意为"因……""因为……"。

用　例：

○ 出張で北京へ行きました。/因出差去北京了。

○ テストの準備でとても疲れています。/因准备测验而身心疲惫。

4 あまり無理をしないでくださいね。

副　词：「あまり」。

解　说：除了后接否定表示频率低或程度不高以外，还可后接肯定表达的词

汇，用于加强"实在""尤其""特别"等语气。多与イ形容词和ナ形容词一起使用，表示所言事物程度超常，多带有指责等贬义，意为"太……""很……"。还有「あまりにも」、「あんまり」、「あんまりにも」等形式。「あんまり」、「あんまりにも」仅用于口语。参见第1册第9课"综合解说"。

用　例：

○ あまり高いので、買いませんでした。/太贵了，所以没买。

○ あまりにも嬉しくて、泣き出しました。/因为太高兴而哭起来。

句　型：「～ないでください」。

解　说：「～てください」的否定形式，接在动词未然形后，表示说话人请求对方不要做某事，意为"请不要（做）……"。

用　例：

○ もうここに来ないでください。/请不要再来这了。

○ ドアを開けないでください。/请不要开门。

5 一緒にコーヒーを飲みませんか。

句　型：「～ませんか」。

解　说：接在动词连用形（マス形）后，表示邀请对方跟自己一起做某事，常和「一緒に」呼应使用，意为"要不要……""（一起）……好吗?"
本册第1课"综合解说"中的「～ましょうか」，可因过多强调说话人的意志或催促对方做某事而给对方带来强迫感或不快感，因此多用于当自己和对方都有意愿或已经决定要做某事的场合。与之相对，「～ませんか」通过否定疑问的方式，表达在尊重对方意愿、意向的前提下的询问和试探，给对方回答留有余地，故礼貌程度高于「～ましょうか」。回答时，接受对方的邀请可用「はい/ええ、いいですよ/～ましょう/そうしましょう」等形式；拒绝时通常不直接拒绝，而采用「すみません/ご免なさい、今日はちょっと（都合が悪くて）…」或说明原因等委婉表达方式。

用　例：

○ A:小林さん、一緒にお茶を飲みませんか。B:ええ、いいですね。/

A：小林，一起喝茶如何？B：好哇。

○ A：一緒に映画を見ませんか。B：すみません、今日はちょっと…。／
　　A：一起去看电影好吗？B：不好意思，今天有点不方便……

6 ちゃんと座っていてください。

句　型：「～ていてください」。

解　说：为「～てください」的持续表现方式。譬如，「待っていてください」表示的是说话人请求对方等在原地暂时不要走开，跟「ちょっと待ってください」在语感上稍有不同。「待っていて」相对而言时间较长；而「待って」时间较短，且不含"不要离开原地"的强调语气。

用　例：

○ ちょっと待ってください。ジュースを買ってきますから。／等一下，我去买果汁来。

○ 料理の材料を買いに行って、すぐ戻りますから、しばらく家で待っていてください。／我去买做菜的材料，马上就回来，你在家等一会儿吧。

7 こうしてずっと座っているのは大変です。

副　词：「こうして(そうして、ああして)」

解　说：一般用来指代某行为、动作、事项或者叙述做某事的手段、方法、步骤等，意为"就这样……""这样一来……（就那样……、那样一来……）"。「こうして」一般用来指示说话人刚进行的行为、动作、事项或接下来即将进行的行为、动作、事项等；「そうして」多用来指示说话人刚叙述过的行为、动作、事项等；「ああして」用来指示说话人和听话人双方都了解，一提就明白的行为、动作、事项，也可以用于说话人回忆以前发生的事情。另外，说话人谈及自己刚叙述过的行为、动作、事项时，如果断定这是听话人所了解的内容，就用「そうして」。

用　例：

○ こうして読みます。／这样读。（刚示范的动作）

○ そうして彼女の心を掴んだのです。／就那样获得了她的芳心。（回忆）

○ ああして座ってください。/请那样坐好。（双方都了解的动作）

形式体言：「の」。

解　说：接在体言或用言连体形后，替代人、物、时间、地点、事情、场面、情景等。参见本册第7课"综合解说"中形式体言「こと」的相关解说。

用　例：

○ この中で、ピンクのは桜の花です。白いのは梨の花です。/（代替物）在这里面，粉红色的是樱花，白色的是梨花。

○ 一番大事なのは勇気を持つことです。/（代替事情）最重要的是要有勇气。

○ 来週から出張するのは北京です。/（代替地点）下周开始去出差的地方是北京。

○ 図書館へ行ったのは先週の土曜日でした。/（代替时间）去图书馆的时间是上星期六。

○ 今見ているのは鈴木さんのアルバムです。/（代替物）正在看的是铃木的相册。

○ 日本へ行くのは張さんです。/（代替人）去日本出差的（人）是小张。

练 习
（練習）

1. 次の漢字にふりがなをつけてください。

動く　　疲れる　　梨畑　　走る　　喉　　渇く　　戻る
危ない　　誘う　　優しい　　力持ち

2. 下線部の仮名を漢字に直し、括弧に入れてください。

（1）<u>くうき</u>（　　）が<u>すがすが</u>（　　）しくて自転車で行きましょう。

（2）<u>ひやけどめ</u>（　　）のクリームを<u>ぬ</u>（　　）りました。

（3）<u>とお</u>（　　）い<u>ばしょ</u>（　　）へ行く時、タクシーで行きます。

（4）2人だけでちょっとあや（　　　）しいふんいき（　　　）ですね。
（5）テレビきょく（　　　）がしゅざい（　　　）をやっている時、張君のうけこたえ（　　　）が面白かったです。

3. ◻︎◻︎◻︎の中から適切な慣用表現を選び、適切な形で文を作ってください。

| 顔をする　　時間がかかる　　風を切る　　嘘を吐く |

（1）歩いて学校へ行くのはちょっと（　　　　　　）ます。
（2）僕はこうして（　　　　　　）走るのが好きです。
（3）会議の時、皆真面目な（　　　　　　）います。
（4）（　　　　　　）たのは浜口です。

4. ◻︎◻︎◻︎の中から適切な副詞を選んで括弧に記入してください（すべての語は一回のみ使うこと）。

| ずっと　　やっぱり　　全然　　ちゃんと　　なかなか |

（1）部屋は（　　　）片付いています。
（2）この問題は（　　　）難しいですね。
（3）子供は（　　　）子供です。
（4）英語は（　　　）知りません。
（5）友達のことで（　　　）悩んでいます。

5. 例を参考に、◻︎◻︎◻︎の中から適切な語を選び、文を作ってください。

| 飲む　　行く　　見る　　する　　食べる |

例：A：写真を撮りませんか。B：ええ、撮りましょう。
（1）A：お茶を＿＿＿＿ませんか。B：ええ、＿＿＿＿ましょう。
（2）A：歌舞伎を＿＿＿＿ませんか。B：ええ、＿＿＿＿ましょう。
（3）A：寿司を＿＿＿＿ませんか。B：ええ、＿＿＿＿ましょう。

(4) A：サッカーを_____ませんか。B：ええ、_____ましょう。

(5) A：図書館に_____ませんか。B：ええ、_____ましょう。

6. 例を参考に、文を作ってください。

例：その書類を見ます。→その書類を見ないでください。

(1) そこに塵を捨てます。→_____ないでください。

(2) パスポートを無くします。→_____ないでください。

(3) 机の上に荷物を置きます。→_____ないでください。

(4) 窓を開けます。→_____ないでください。

(5) 約束の時間に遅刻します。→_____ないでください。

7. A、B、C、Dの4つの選択肢の中から最適なものを選び、文を作ってください。

(1) その建物は三角形の面白い形_____しています。
  A．に   B．を   C．で   D．と

(2) 北京は万里の長城_____有名です。
  A．に   B．を   C．で   D．と

(3) 8時に出ない_____間に合いませんよ。
  A．に   B．を   C．で   D．と

(4) その事を信じている_____はあなただけです。
  A．の   B．と   C．で   D．に

(5) _____1時間もずっと座っていました。
  A．こうして B．これから C．こして D．これで

(6) すぐ戻りますから、暫く待って_____ください。
  A．きて   B．して   C．いって D．いて

(7) A：温泉に行きませんか。
  B：すみません、今日は_____…。
  A．ちょっと B．ちょうど C．たしか D．もちろん

(8) うるさいから大きい声で_____ください。

　　　　A. 話して　　　B. 話さして　　　C. 話さないで　　D. 話ないで
(9) 今は_____お腹が空いていないので、ケーキは要りません。
　　　　A. なかなか　　B. いよいよ　　　C. あまり　　　　D. 必ず
(10) 課長はもうお_____ですか。
　　　　A. 帰る　　　　B. 帰った　　　　C. 帰り　　　　　D. 帰らない

8. 下記の文を日本語に訳してください。

(1) 请不要过于紧张。

(2) 因为感冒，今天没去学校。

(3) 上周和朋友一起看的是日本电影《一升眼泪》。

(4) 打车的话用不了半个小时。

(5) 周末一起去登山怎么样？

9. 下記の文を中国語に訳してください。

(1) 山田先生は京都大学にお勤めです。

(2) 課長は朝からずっと厳しい顔をしています。

(3) 自転車に2人で乗るのは危ないです。

(4) 気温が低いと桜はなかなか咲きません。

(5) 辞書はこうして調べます。

10. 次の文章を読んで、後の問題に対する答えとして、最もよいものをA、B、C、Dから一つ選んでください。

　私は子供の時、野菜が嫌いでした。魚も嫌いでした。母が、食べてくださいと言うと、嫌な顔をしていました。肉とご飯が大好きでした。大きくなった時、お医者さんが嫌いなものを食べないと太りますよと言いました。私は太るのは困りますから、嫌いなものを食べました。段々好きになりました。今では、大好きです。

(1) 筆者は子供の時、何が好きでしたか。
　　　　A. 肉　　　　　B. 野菜　　　　　C. 果物　　　　　D. 魚

(2) 次の文のうち、正しくないものはどれですか。
　　A. 筆者はずっとご飯が好きです
　　B. 筆者は太るのが嫌いです
　　C. 筆者は今、野菜が大好きです
　　D. 筆者は子供の時、あまり肉を食べませんでした

補充語彙

片付く【かたづく】	③	（自五）	收拾整齐，整顿好；得到解决
悩む【なやむ】	②	（自五）	（精神的）忧虑，苦恼；（肉体的）痛苦
歌舞伎【かぶき】	⓪	（名）	歌舞伎（日本传统戏剧之一）
書類【しょるい】	⓪	（名）	文件，文书
塵【ごみ・芥】	②	（名）	垃圾；砂土，尘土
捨てる【すてる】	⓪	（他一）	抛弃，扔掉；摒弃
パスポート【passport】	③	（名）	护照
無くす【なくす】	⓪	（他五）	丢失；除掉，消灭
置く【おく】	⓪	（他五）	放，置；存放
遅刻【ちこく】	⓪	（自サ・名）	迟到
建物【たてもの】	②③	（名）	建筑物，房屋
三角形【さんかくけい】	③	（名）	三角形
形【かたち】	⓪	（名）	形状，样子；形式
間に合う【まにあう】	③	（自五）	（时间）赶得上，来得及；有用
信じる【しんじる】	⓪③	（他一）	相信；信任，信赖
暫く【しばらく】	②	（副）	不久，一会儿
温泉【おんせん】	⓪	（名）	温泉

续表

声【こえ】	①	（名）	（人的）声音，嗓音；（动物的）叫声
勤める【つとめる・務める】	③	（他一）	工作，任职；担任
厳しい【きびしい】	③	（イ形）	严肃的，严格的；严峻的
咲く【さく】	⓪	（自五）	（花）开
野菜【やさい】	⓪	（名）	蔬菜，青菜
太る【ふとる・肥る】	②	（自五）	胖，肥胖；增多
段々【だんだん】	⓪	（副・名）	逐渐，渐渐；台阶

小知识（豆知識(まめちしき)）

「なし」

「なし」为古语イ形容词终止形，又写作「無(な)し」，相当于现代日语中的「ない」。在现代日语中，「なし」多表示事物的存在、能力、经验等为无的状态，可用作名词或接尾词。用作名词时，相当于「ないこと」。用作接尾词时，前多接名词，相当于「～がない」。如：「底(そこ)なし/无底」、「何(なん)の準備(じゅんび)もなしで授業(じゅぎょう)をしました/没做任何准备就上课了」与其相对的「あり」，表示"有"，用法基本相同。因与「梨(なし)」同音，本文中将其作为双关语使用。

一、助动词

种类	释义	例句
比况助动词「ようだ」	表示例示，意为"像……样的"	李さんは嘘を吐くような人ではありません。

二、助词

种类	释义	例句
接续助词「ので」	客观上的原因、理由、根据	昨日は休みなので、学校へ行きませんでした。
接续助词「が」	逆接 顺接	私もコンビニへ行きましたが、何も買いませんでした。 私は良く図書館へ行きますが、王さんも良く行きますか。
格助词「と」	表述的内容	彼女は行くと言いました。
提示助词「でも」	提示某一极端或特殊的条件，表示逆接	雨でも風でも行きます。
格助词「で」	限定范围 "就""关于"某事展开讨论或叙说 动作进行或发生的场所 根据、理由 原因	世界で一番長い川はどこですか。 学制改革で激論しました。 図書室で本を読みます。 こういう事情で、あなたとは結婚できません。 出張で北京へ行きました。
格助词「に」	评价或比较的基准	ここは買い物に便利です。
接续助词「と」	假定条件 恒常条件	舟で行くと時間がかかるでしょう。 私は酒を飲むと、顔が赤くなります。

三、句型

种类	释义	例句
～とは	构成话题	コンビニとは、何ですか。
（～と）同じようだ	与比较对象的性质、程度、状态等大致相同	彼女の顔はお母さんと同じように丸いです。

续表

种类	释义	例句
～と言う	指称内容	この花の名前は何と言いますか。
～(を)ください	身份高的人请求比自己身份低或关系亲近的人给自己某物品	すみません、ビールを1本ください。
～を～にする	把前项事物变成（或转换成、培养成）后项事物	客間を子供の部屋にしました。
～と思う	说话人的主观判断、个人看法或意见	今年の冬は寒くないと思います。
～ことか	反问语气，表示强烈的肯定性感叹、叹息	君にどんなに会いたかったことか。
～ことなく	原本有可能采取的行为没有或不采取。也可表示原本有可能出现的情况没有出现，却出现了相反的情况	迷うことなく別れました。
～ことだ	对特定对象（通常为上对下）的劝告、忠告或要求	今からしっかり勉強することですよ。
体言～を～くする（イ形容词） 体言～を～にする（ナ形容词）	主体从主观意识上对某事物施加作用，使其状态发生变化	料理を美味くする方法はいろいろあるでしょう。 部屋を綺麗にしました。
イ形容词连用形＋なる ナ形容词连用形＋なる	事物本身的自然变化	日本人の友達が多くなりました。 日本語がだんだん好きになりました。
～ができる	能够做某事	ここで勉強できますか。 私はピンポンはできますが、テニスはできません。
～をしている	事物或人呈现的外形或样子	あの子は大きな目をしていて可愛いです。
お＋动词连用形（マス形）＋です ご＋サ变动词词干＋です	对对方的尊敬	もう、お帰りですか。 社長も午後の会議にご出席ですか。
～ませんか	邀请对方跟自己一起做某事	A：小林さん、一緒にお茶を飲みませんか。B：ええ、いいですね。
～ないでください	请求别做某事	もうここに来ないでください。
～ていてください	为「～てください」的持续表达方式	すぐ戻りますから、しばらく家で待っていてください。

四、其他

种类	释义	例句
连语とは	所谓……，所说的……	コンビニとは、何ですか。
动词作定语	动词作定语修饰体言	読んだ本
连语のか	疑问或不确定时的自言自语	どれがいいのか、彼女は迷っています。
助词叠用では	加强语气或起强调对比、引出否定等	一人ではできませんよ。
接尾词さ	状态和性质的程度	富士山の高さ、知っていますか。
接续词すると	"条件→结果"型的接续词	ドアを開けました。すると、知らない女性が立っていました。
接尾词み	某种性质、状态、感觉	ちょっと可笑しみがあります。
形式体言こと	使句子或用言名词化	私の言ったこと、覚えていますか。
敬体与常体	敬体（です・ます体） 常体（だ・である体）	本を読む。
副词あまり	接肯定，表示程度"过于，过度"	あまり高いので、買いませんでした。
副词こうして（そうして、ああして）	指代某行为、动作、事项或者叙述做某事的手段、方法、步骤等	こうして読んでください。 そうして座ってください。 ああして彼女の心を掴んだのです。
形式体言の	替代人、物、时间、地点、事情、场面、情景等	一番大事なのは勇気を持つことです。

生 词 索 引

假名	词汇	声调	词性	释义	所属课
ア行					
アイ・アム・ソーリー	I am sorry		（慣）	对不起	7
アイスクリーム	ice cream	⑤	（名）	冰激凌,雪糕	3
アイスプラント	ice-plant	④	（名）	冰叶菊,晶叶菊	2
あいだ	間	⓪	（名）	中间,(之)间	5
あうんのこきゅう	阿吽の呼吸		（慣）	(「阿(あ)」是张口时发出的声音,「吽(うん)」是闭口时发出的声音,以此用「阿吽」来指代"呼气""吸气")心领神会,性情相合	4
あえもの	和え物	⓪②③	（名）	凉拌菜	2
あがる	上がる	③⓪	（自五）	登,上	2
あきらめる	諦める	④	（他一）	断念头,死心	6
あくび	欠伸	⓪	（名）	哈欠	4
あし	足	②	（名）	脚步;脚	4
あしがはやい	足が速い		（慣）	(食品)易腐烂;走得快;(商品)畅销	4
あそぶ	遊ぶ	⓪	（自五）	玩儿;消遣;游学	2
あたたかい・あったかい	温かい	④	（イ形）	温暖的,热情的;暖和的	7
あたま	頭	③②	（名）	头,脑袋	2
あちこち		②③	（名・代）	到处	7
あてる	当てる	③⓪	（他一）	猜,推测	1
あに	兄	①	（名）	(对外人提起时)哥哥	2
あね	姉	⓪	（名）	(对外人提起时)姐姐	2
あひる	家鴨	⓪	（名）	鸭子,家鸭	5

续表

假名	词汇	声调	词性	释义	所属课
あぶない	危ない	⓪③	（イ形）	危险的	8
あやしい	怪しい	⓪③	（イ形）	奇怪的；可疑的	8
あらわす	表す	③	（他五）	表示，表达；表现	5
あり	蟻	⓪	（名）	蚂蚁	6
アルバム	album	⓪	（名）	影集，相册；纪念册	2
アワー	hour	①	（接尾・名）	时间，时段	6
あんちゅうもさく	暗中模索	⓪⑤	（名・他サ）	暗中摸索	4
フィート	feet	①	（名・接尾）	英尺	6
いいまわし	言い回し	⓪	（名）	说法，措辞	5
いう	言う	⓪	（他五）	说，讲；称，叫	5
いえいえ		⓪	（感）	没有没有，不是不是	3
いかが	如何	②	（副）	怎么样，如何	2
いき	行き	⓪	（名）	去，往	3
いきもの	生き物	③②	（名）	有生命的东西；生物	6
いしのうえにもさんねん	石の上にも三年		（諺）	（在石头上坐上三年也会暖和的）功到自然成	2
いす	椅子	⓪	（名）	椅子；职位	2
いそぐ	急ぐ	②	（自他五）	急急忙忙；快，赶	6
いただく	頂く・戴く	⓪	（他五）	（「もらう」的自谦语）领受；（「飲む・食べる」等的自谦语）喝，吃（课文中用的是转成名词的形式）	8
いため	炒め		（造）	炒	2
イチゴ	苺	⓪①	（名）	草莓；杨梅	8
いちどう	一同	②③	（名）	大家，全体	4
いちねんせい	一年生	③	（名）	一年级学生	7
いちぶん	一文	⓪	（名）	一个句子，一句话；一篇短文	7
いちリットルのなみだ	一リットルの涙		（固）	《一升眼泪》	6
いっかい	一回	⓪③	（副・名）	一次，一回	1

生词索引

续表

假名	词汇	声调	词性	释义	所属课
いっしょ	一緒	⓪	（名）	一起,一同；一样	1
いっせつ	一説	⓪④	（名）	一说,一种说法	5
いどう	移動	⓪	（自他サ・名）	移动,转移	7
いぬ	犬	②	（名）	犬,狗	3
いねむり	居眠り	③	（名・自サ）	瞌睡,打盹儿	4
いま	今	①	（名・副）	现在；立刻；刚才	1
いみ	意味	①	（名）	意义,含义；意思	7
いも	芋	②	（名）	薯	2
いもうと	妹	④	（名）	（对外人提起时）妹妹	2
いもうとさん	妹さん	⓪	（名）	妹妹	2
いや	嫌	②	（ナ形）	讨厌,厌恶	7
いる	要る	②⓪	（自五）	需要	1
いれる	入れる	⓪	（他一）	放入,放进去,通常用「～を～に入れる」的形式,表示"将……放入……中"	1
いろいろ	色々	⓪	（副・名・ナ形）	很多；各种各样的	3
いんしゅ	飲酒	⓪	（名・自サ）	饮酒	7
ウェイト・ア・ミニット	wait a minute		（慣）	等一等,请稍等片刻	7
ウエイトレス	waitress	②	（名）	女服务员,女侍者	3
うけこたえ	受け答え	⓪	（名・自サ）	对答,应答	8
うさぎ	兎	⓪	（名）	兔子	5
うしろ	後ろ	⓪	（名）	后边,后方；后面；背地	6
うずら	鶉	⓪	（名）	鹌鹑	5
うそをつく	嘘を吐く		（慣）	说谎,撒谎	8
うちゅう	宇宙	①	（名）	宇宙	3
うちゅうじん	宇宙人	②	（名）	外星人	3
うま	馬	②	（名）	马	6

续表

假名	词汇	声调	词性	释义	所属课
うらた	浦田	①	(固)	(姓)浦田	8
うらやましい	羨ましい	⑤	(イ形)	羡慕,眼红	2
うるさい		③	(イ形)	吵闹的;烦人的	7
うわー		②	(感)	呀,哇	2
うわぎ	上着	⓪	(名)	外衣;上衣	6
うわさ	噂	⓪	(名)	传闻,谣传	3
えいが	映画	①⓪	(名)	电影	6
えいかいわ	英会話	③	(名)	英语口语	7
えいご	英語		(名)	英语	1
エイリアン	alien	①	(名)	外星人;外国人	5
えがお	笑顔	①	(名)	笑脸,笑颜	5
えき	駅	①	(名)	车站	1
エクスキュズ・ミー	excuse me		(慣)	对不起,打扰一下,劳驾	7
えらぶ	選ぶ	②	(他五)	选择	3
えん	円		(接尾・名)	日元	4
えんじる	演じる	③⓪	(他一)	扮演	3
えんぴつ	鉛筆	⓪	(名)	铅笔	6
えんりょ	遠慮	①⓪	(他サ・名)	谢绝,婉辞;客气	1
えんりょなく	遠慮なく		(慣)	(连语作副词用)无须客气地	3
おい		①	(感)	喂	4
おおく	多く	①	(副・名)	多半,大都;许多	6
オーケー	OK	①③	(感・名)	好,行;同意	4
おかあさん	お母さん	②	(名)	妈妈,母亲	2
おかしい	可笑しい	③	(イ形)	奇怪的;可笑的;有趣的	1
おきかえる	置き換える	④③⓪	(他一)	替换,互换	6
おきる	起きる	②	(自一)	不睡;起床	4
おこす	起こす	②	(他五)	叫醒;引起	4
おごり	奢り	⓪	(名)	请客,做东	3
おじ	叔父	⓪	(名)	(对外人提起时)姑父,姨父,伯父,叔父,舅父	2

续表

假名	词汇	声调	词性	释义	所属课
おじいさん	お祖父さん・お爺さん	②	（名）	爷爷,外公;老爷爷	2
おしえる	教える	④⓪	（他一）	教;告诉	7
おじぎ	お辞儀	⓪	（名・自サ）	鞠躬,行礼	4
おじさん	叔父さん	⓪	（名）	姑父,姨父,伯父,叔父,舅父	2
おしゃれ	御洒落	②	（ナ形・名・自サ）	漂亮的;好打扮	2
おたんじょうびおめでとうございます	お誕生日おめでとうございます		（慣）	生日快乐	3
おっしゃる	仰る	③	（他五）	说,讲（「言う」的尊他语)	6
おと	音	②	（名）	声音;音信	2
おとうさん	お父さん	②	（名）	爸爸,父亲	2
おとうと	弟	④	（名）	（对外人提起时）弟弟	2
おとうとさん	弟さん	⓪	（名）	弟弟	2
おととい	一昨日	③	（名）	前天	4
おとな	大人	⓪	（名）	大人,成人;老成	5
おどろき	驚き	⓪④	（名）	惊恐,吃惊	6
おどろきもものきさんしょのき	驚き桃の木山椒の木		（慣）	（利用谐音形成的诙谐语）令人大跌眼镜	6
おどろく	驚く	③	（自五）	吓,惊恐;惊讶;惊叹	6
おないどし	同い年	②	（名）	同年,同岁	5
おなか	お腹	⓪	（名）	腹部,肚子;肠胃	3
おなかがすく	お腹が空く		（慣）	肚子饿	3
おにいさん	お兄さん	②	（名）	哥哥;(称呼年轻男性)小伙子	2
おねえさん	お姉さん	②	（名）	姐姐;(称呼年轻女性)大姐	2
オノマトペ	フonomatopee	③⑤	（名）	拟声,象声词	5
おば	叔母	⓪	（名）	（对外人提起时)姑母,姨母,伯母,婶母,舅母	2
おばあさん	お祖母さん・お婆さん	②	（名）	奶奶,外婆;老奶奶	2
おばさん	叔母さん	⓪	（名）	姑母,姨母,伯母,婶母,舅母	2

续表

假名	词汇	声调	词性	释义	所属课
おぼえる	覚える	③	(他一)	记得,记住	3
おみやげ	お土産	⓪	(名)	特产,土产;礼物	2
おもい	重い	⓪	(イ形)	重的,沉的;重大的;严重的	6
おもう	思う	②	(他五)	认为;想,思考	6
おもしろい	面白い	④	(イ形)	有趣的;愉快的	7
おる		⓪	(自五)	(多以「～ております」的形式,「いる」的程度较低的礼貌语)	8
おわる	終わる	⓪	(自他五)	完,结束	3
おんがく	音楽	①⓪	(名)	音乐	3
オンス	ounce	①	(接尾・名)	盎司	6

カ行

假名	词汇	声调	词性	释义	所属课
カートン	carton	①	(接尾・名)	(香烟等)条	6
かい	階		(接尾)	(建筑的层数)层,楼	2
がいこく	外国	⓪	(名)	外国,国外	7
がいこくじん	外国人	④	(名)	外国人	7
かいしゃ	会社	⓪	(名)	公司	6
がいしゅつ	外出	⓪	(名・自サ)	出门,外出	8
かいだん	階段	⓪	(名)	楼梯,台阶	6
かいてんずし	回転寿司	③⑤	(名)	旋转寿司	3
がいらいご	外来語	⓪	(名)	外来语	6
かいわ	会話	⓪	(名・自サ)	对话,会话	1
かう	買う	⓪	(他五)	买	1
かえり	帰り	③	(名)	回来,回去	3
かえる	帰る	①	(自五)	回来,回去	1
かえる	蛙	⓪	(名)	青蛙	6
かえる	変える	⓪	(他一)	改变,改换	7
かお	顔	⓪	(名)	脸型,长相;脸	5
かがい	課外	⓪①	(名)	课外	1
かかる	掛(か)る	②	(自五)	花费;悬挂	8

续表

假名	词汇	声调	词性	释义	所属课
かく	書く	①	（他五）	写,作	2
かぐ	嗅ぐ	②⓪	（他五）	闻,嗅	2
がくえんさい	学園祭	⓪	（名）	校园文化节	3
がくしゅういいん	学習委員	⑤	（名）	学习委员	4
かくれる	隠れる	③	（自一）	藏,隐藏;躲藏	6
かける	掛ける	②	（他一）	撒,浇	2
かず	数	①	（名）	数目,数量	5
かずかず	数々	①	（名・副）	种种;许多	5
かぜ	風	⓪	（名）	风	8
かぜをきる	風を切る		（慣）	迎风前进,逆风而行;大摇大摆	8
かぞえる	数える	③	（他一）	数,计数;列举	5
がつ	月		（接尾）	……月	3
かっこう	格好・恰好	⓪	（名・ナ形・接尾）	样子,外形;装束,打扮	7
かっこういい	格好いい		（慣）	姿态好,酷,帅	7
カップ	cup	①	（名）	杯子	1
カップめん	cup 麺	③	（名）	杯面	6
カップラーメン	cup・ドRahmen	④	（名）	杯面	7
かみ	紙	②	（名）	纸	5
かやく	火薬	⓪	（名）	火药,炸药	7
かやく	加薬	⓪	（名）	调味料,佐料;菜码儿,面码儿	7
からだ	体	⓪	（名）	身体	4
からだにわるい	体に悪い		（慣）	对身体不好	4
がり	狩り		（接尾）	采集	8
かれ	彼	①	（代・名）	他;男朋友	7
かわく	渇く	②	（自五）	渴,干渴	8
かわる	変わる	③⓪	（自五）	改变;与众不同	2
かん	間		（接尾）	间,期间	2

续表

假名	词汇	声调	词性	释义	所属课
かんがえる	考える	④③	（他一）	考虑,想	7
かんじ	感じ	⓪	（名）	感觉	1
かんちがい	勘違い	③	（名・自サ）	错认;误会,误解	4
がんばる	頑張る	③	（自五）	拼命努力,加油	4
かんようく	慣用句	③	（名）	惯用(短)语	4
き	気	⓪	（名）	精神;气质;空气	4
きおく	記憶	⓪	（名・他サ）	记忆;存储	7
きがちいさい	気が小さい		（慣）	气量小;度量小;胆子小	7
きく	聞く	⓪	（他五）	听;问	1
キクまつり	菊祭り	③	（名）	菊展(课文中为双关语,故写作片假名)	1
きくまつり	菊祭り	③	（名）	菊展	1
きしゃ	記者	①②	（名）	记者	8
きづく	気付く	②	（自五）	注意到	2
きまえ	気前	⓪	（名）	气度,大方	3
きまえがいい	気前がいい		（慣）	气度大,大方,慷慨	3
きみ	君	⓪	（代）	你	7
きめて	決め手	⓪	（名）	决定性的根据(证据、手段、方法);决定问题的人	7
きめる	決める	③⓪	（他一）	决定	3
きもちいい	気持ちいい	④	（イ形）	舒服的,舒适的(由「気持ちがいい」构成)	4
ぎゃく	逆	⓪	（名）	逆,倒,反	2
ぎゅうにゅう	牛乳	⓪	（名）	牛奶	1
ぎょう	行	①	（接尾）	(文章的)一行,一段	2
きょうかしょ	教科書	③	（名）	教科书,课本	3
きょねん	去年	①	（名）	去年	2
きょり	距離	①	（名）	距离	6
きりつ	起立	⓪	（名・自サ）	起立,站起来	4

续表

假名	词汇	声调	词性	释义	所属课
きる	切る	①	（他五）	冲开;切,割	8
フキロ	フkilo	①	（接尾・名）	(「キログラム【フkilogramme】③」「キロメートル【フkilomètre】③」等的缩略语)千克;千米;千	6
ぎろん	議論	①	（他サ・名）	议论,争辩	6
きをつける	気を付ける		（慣）	小心,注意(注意的对象用格助词「に」表示)	4
グー		①	（副）	呼噜声	4
くうき	空気	①	（名）	空气;气氛	8
くたくた		⓪	（ナ形・副）	筋疲力尽,疲惫不堪	8
ください		③	（他五）	(「くださる」的命令形)请给(我)……	5
くつ	靴	②	（名）	鞋子	6
グッドアイディア	good idea	④⑥	（名）	好主意	6
くに	国	⓪	（名）	国家;家乡	7
くふう	工夫	⓪	（名・他サ）	想办法,下功夫	7
グラム	フgramme	①	（接尾・名）	克	6
グランド	ground	⓪	（名）	运动场	1
クリーム	cream	②	（名）	(化妆品)面霜;奶油	8
くりかえし	繰り返し	⓪	（名）	反复,重复	3
くろねこ	黒猫	③	（名）	黑猫	6
くわえる	加える	④③⓪	（他一）	加以;施加;添加	7
くんじ	訓示	⓪	（名・他サ）	训示,谕告	6
けいかく	計画	⓪	（名・他サ）	计划,规划	2
ゲーム	game	①	（名）	游戏;比赛	4
けん	軒		（接尾）	栋,所	6
こ	個		（接尾）	个	3
ご	語	①	（名）	词,单词	5
こう	孔	①	（固）	(姓)孔	2

续表

假名	词汇	声调	词性	释义	所属课
こうえん	公園	⓪	（名）	公园	1
こうがい	郊外	①	（名）	郊外	8
こうして		⓪	（副・接）	这样,如此;（根据前面事实叙述下文)于是	8
こうはい	後輩	⓪	（名）	后辈(一般指师弟、师妹等)	1
コーナー	corner	①	（名）	角;专柜	6
コーヒー	coffee/オkoffie	③	（名）	咖啡	8
こおろぎ	蟋蟀	①	（名）	蟋蟀,蛐蛐	6
こきょう	故郷	①	（名）	老家,故乡	1
こくご	国語	⓪	（名）	国语,语文	4
こごえ	小声	⓪	（名）	小声,低声	6
ごちそう	ご馳走	⓪	（他サ・名）	款待,宴请;好吃的食物;酒席	2
ごちそうになる	ご馳走になる		（慣）	接受宴请	2
こっけいせつ	国慶節	③	（名）	国庆节	1
ことなる	異なる	③	（自五）	不同,不一样	5
ことば	言葉	③	（名）	单词,语言;言辞	5
ことわざ	諺	⓪④	（名）	谚语,俗语	4
このごろ	この頃	⓪	（名）	近来,这些天来	7
こばなし	小話	②	（名）	小故事,小笑话	6
こまる	困る	②	（自五）	为难;穷困	7
こむ	混む	①	（自五）	拥挤,混杂	7
ごめんくださーい	ご免くださーい		（慣）	(「ごめんください」「御免下さい」的长音)(拜访别人时)我可以进来么,有人在家么	2
グランド	ground	⓪	（名）	运动场	1
これから		⓪④	（接・名）	接下来,接着	1
これから		⓪④	（副・名）	今后,从今以后	1
ころがる	転がる	④⓪	（自五）	有,放着;滚;倒下	7
こわい	怖い・恐い	②	（イ形）	令人害怕的,可怕的	7

生词索引

续表

假名	词汇	声调	词性	释义	所属课
こんかい	今回	①	（名）	这次，这回	1
こんげつ	今月	⓪	（名）	这个月，本月	1
コンビニ		⓪	（名）	（「コンビニエンスストア【convenience store】⑨」的缩略语）便利店，24小时店	6
こんぶ	昆布	①	（名）	海带	1
サ行					
さあ		①	（感）	（表示难以判断）呀；（表示劝诱或催促）喂	4
さい	歳		（接尾）	岁	5
さいしょ	最初	⓪	（名）	最初，起初	8
さくや	昨夜	②	（名）	昨晚，昨夜	4
さけ	酒	⓪	（名）	酒；喝酒	1
さす	指す	①	（他五）	指代，指（……而言）	5
さそう	誘う	③⓪	（他五）	约，邀请；引诱	8
さつ	冊		（接尾）	本，册，部	5
サッカー	soccer	①	（名）	足球	1
ざつぎ	雑技	①	（名）	杂技	3
さて		①	（接・感）	通常用于转变话题，与「ところで」可以互换	1
さて		①	（接）	且说，那么；然后	8
さとう	砂糖	②	（名）	砂糖	1
さび	錆	②	（名）	锈	6
さびしい	寂しい・淋しい	③	（イ形）	寂寞的，孤寂的；荒凉的	3
サボる		②	（自五）	逃学，旷课；偷懒（「サボタージュ」の略の「サボ」を動詞化した語）	7
さめる	覚める	②	（自一）	醒；醒悟	4
さら	皿		（接尾・名）	碟，盘	3
さる	猿	①	（名）	猿猴	7

续表

假名	词汇	声调	词性	释义	所属课
さんかこくご	3ヶ国語	⓪	（造）	三个国家的语言	1
さんさく	散策	⓪	（名・自サ）	散步,随便走走	8
さんしょう	山椒	⓪	（名）	花椒	6
さんねん	年	⓪	（名・接尾）	年	2
ざんねん	残念	③	（ナ形・名）	憾,可惜	2
しいれ	仕入れ	⓪	（名）	采购,采办	2
しかく	資格	⓪	（名）	资格;身份	7
しかし		②	（接）	但是,然而	5
じかん	時間	⓪	（名）	时间	1
じかんがかかる	時間が掛かる		（慣）	花费时间	8
しぐさ	仕草	①⓪	（名）	举止,态度	5
ジグソーパズル	jigsaw puzzle	⑤	（名）	七巧板;拼图	6
じこ	自己	①	（名）	自我	8
じじつ	事実	①	（名・副）	事实;实际上	6
じしょ	辞書	①	（名）	辞典	1
したぎ	下着	⓪	（名）	内衣,衬衣	6
じつ	実	②	（名）	真实,实际	2
じつは	実は	②	（副）	说真的,老实说	7
しっぱい	失敗	⓪	（自サ・名）	失败	2
じてん	辞典	⓪	（名）	词典,辞典	1
じてんしゃ	自転車	②⓪	（名）	自行车	8
じどう	児童	①	（名）	小学生,学童	1
じぶつ	事物	①	（名）	事物	5
じぶん	自分	⓪	（名・代）	自己;我	8
しめす	示す	②⓪	（他五）	表示,表现;指示	5
しゃいん	社員	①	（名）	（公司）职员	6
しゃちょう	社長	⓪	（名）	社长;总经理	6
シャツ	shirt	①	（名）	衬衫	6
シャンハイ	上海	①③	（固）	上海（地名）	2

续表

假名	词汇	声调	词性	释义	所属课
しゅう	周	①	（固）	（姓）周	3
しゅうかん	週間		（接尾）	……周（的时间）	3
ジュース	juice	①	（名）	果汁饮料；（水果或蔬菜的）汁	1
しゅうまつ	週末	⓪	（名）	周末	4
じゅぎょう	授業	①	（名・自サ）	课，上课，授课	1
しゅざい	取材	⓪	（名・自他サ）	采访，取材	8
しゅっちょう	出張	⓪	（名・自サ）	出差	2
しゅっぱつ	出発	⓪	（名・自サ）	出发；开头	8
じゅっぷん・じっぷん	十分	①	（名）	十分钟	4
じゅんび	準備	①	（名・他サ）	准备，预备	4
しょう	小		（接頭）	小，小型	8
しょうかい	紹介	⓪	（名・他サ）	介绍	8
じょうし	上司	①	（名）	上司，上级	8
じょうず	上手	③	（ナ形）	擅长，拿手	2
しょうろんぽう	小龍包	③	（名）	小笼包	2
しょくちゅうどく	食中毒	③	（名）	食物中毒	4
じょじょに	徐々に	①	（副）	慢慢地	3
じょすうし	助数詞	②	（名）	量词	5
じょせい	女性	⓪	（名）	女性	8
しろ	城	⓪	（名）	城，城堡	1
しん	新		（接頭）	新	1
しんかんせん	新幹線	③	（名）	新干线（在日本高速铁路干线上运行的列车）	8
しんげん	進言	⓪	（名・他サ）	进言，建议，提意见	6
しんこう	進行	⓪	（名・自サ）	前进；进展	8
しんはつばい	新発売	③	（名）	发售新产品	4
しんぶん	新聞	⓪	（名）	报纸	3
すいとう	水筒	⓪	（名）	水壶，水桶	8

续表

假名	词汇	声调	词性	释义	所属课
すうりょう	数量	③	（名）	数量	5
すがすがしい	清々しい	⑤	（イ形）	清爽的,清新的	8
すく	空く	⓪	（自五）	空,饿	3
すぐ		①	（副・ナ形）	立刻,马上	2
すこし	少し	②	（副）	一点,有点	1
すし	寿司	②①	（名）	寿司	3
ズボン	ﾌjupon	①②	（名）	裤子(的总称)	6
スタート	start	②	（名・自サ）	开始,出发	3
ずっと		③⓪	（副）	一直,始终;……得多	8
すむ	済む	①	（自五）	结束;解决	3
すむ	住む	①	（自五）	居住;栖息,生存	3
スリー	three	②	（名）	三	6
すると		③⓪	（接）	于是;那么说来	6
すんげき	寸劇	⓪	（名）	短剧	3
せいおん	清音	①⓪	（名）	清音	5
せいかつ	生活	⓪	（名・自サ）	生活	7
せいぞう	製造	⓪	（名・他サ）	制造,生产	7
せき	隻		（接尾）	只,艘	5
せきにんしゃ	責任者	③	（名）	负责人	7
せっきん	接近	⓪	（名・自サ）	接近,靠近	3
せっする	接する	④⓪③	（自他サ）	对待,接待;邻接;靠近	8
せっちゅう	折衷	⓪	（名・他サ）	折中;使……折中,平衡	1
セット	set	①	（接尾・名）	套,组	6
せつびご	接尾語	⓪③	（名）	接尾词,后缀	5
せびろ	背広	⓪	（名）	（男子穿的）普通西装	6
せみ	蝉	⓪	（名）	蝉,知了	1
せりふ	台詞	⓪	（名）	台词	3
せん	千	①	（接尾・名）	千;一千	6
ぜん	膳		（接尾）	（筷子）双;（米饭）碗	6

续表

假名	词汇	声调	词性	释义	所属课
せんしゅう	先週	⓪	(名)	上星期,上周	2
せんもんか	専門家	⓪	(名)	专家	6
センチ	フcenti	①	(名・接尾)	(「センチメートル【フcentimètre】④」的缩略语)厘米	6
ぞう	象	①	(名)	象,大象	5
そうだ			(助動)	据说,听说	3
そえる	添える	②⓪	(他一)	附上,添上	5
ソーリー	sorry	①	(感)	对不起,不好意思	7
そく	足		(接尾)	双	6
そこで		③⓪	(接)	于是,因此;那么	6
そふ	祖父	①	(名)	(对外人提起时)爷爷,外公	2
そぼ	祖母	①	(名)	(对外人提起时)奶奶,外婆	2
それでも		③	(接)	即使那样,虽然那样	5
それほど	其れ程	⓪	(副)	那么,那样(程度)	7
そんなに		④⓪	(副)	那样,那么	1
	タ行				
ダース	dozen		(接尾)	(以12个为1组)打	6
だい	大		(接頭)	大;非常	1
だい	台	①	(接尾・名)	台;台架,台子	6
ダイエット	diet	①	(名・自サ)	减肥	2
たいじゅう	体重	⓪	(名)	体重	2
たいせつ	大切	⓪	(ナ形)	重要,要紧;珍惜	7
たいてい	大抵	⓪	(名・副・ナ形)	大部分,大都;适度	4
だいぶ	大分	③⓪	(副)	很,颇,相当地	7
だから		①	(接)	因此,所以	1
たく	宅	⓪	(名)	家,住所	2
たぐい	類	⓪③②	(名)	类,同类	5
たけなか	竹中	②	(固)	(姓)竹中	6
たす	足す	②⓪	(他五)	加,增加	5
だす	出す	①	(他五)	拿出,提交	3

续表

假名	词汇	声调	词性	释义	所属课
たち	達		(接尾)	们,等等	1
たつ	立つ	①	(自五)	站,立;冒起	7
だって		①	(接)	(口语)因为;但是,话虽如此	3
タッパー	Tupper	①	(名)	(「タッパーウェア【Tupperware】⑤」的缩略语)保存食品的塑料器具	8
たとえば	例えば	②	(副)	例如,比如	3
たのしい	楽しい	③	(イ形)	高兴的,快乐的	2
たのむ	頼む	②	(他五)	请求;委托,托付	6
タバコ	ポtabaco・煙草	⓪	(名)	香烟	6
たべおわる	食べ終わる	⓪	(自他五)	吃完	3
たまご	卵	②⓪	(名)	鸡蛋;卵,蛋	5
たまたま		⓪	(副)	碰巧,偶然;偶尔,有时	2
だれ	誰	①	(代)	谁	5
だん	段	①	(接尾・名)	级;段;台阶	6
たんしょ	短所	①	(名)	短处,缺点	8
たんじょうび	誕生日	③	(名)	生日,生辰	3
ちいさな	小さな	⓪	(連体)	小的	1
ちかてつ	地下鉄	⓪	(名)	地铁	3
ちからもち	力持ち	③⑤	(名)	有力气,身强力壮的人,大力士	8
ちきゅう	地球	⓪	(名)	地球	3
ちち	父	①②	(名)	(对外人提起时)爸爸,父亲	2
ちゃ	茶	⓪	(名)	茶水;茶叶	1
チャイム	chime	①	(名)	门铃	2
ちゃく	着		(接尾)	(衣服的)件,套	6
チャンス	chance	①	(名)	机会,时机	6
ちゃんと		③⓪	(副)	好好地;规规矩矩	4
ちゃんぽん		①	(名・ナ形)	掺杂,掺和	2
ちゅう	中	①	(名・造)	中等	1
ちゅうか	中華	①	(名)	中国,中华	1
ちゅうがた	中型	⓪	(名)	中型	1

续表

假名	词汇	声调	词性	释义	所属课
ちゅうかりょうり	中華料理	④	（名）	中国菜,中餐	2
ちゅうごく	中国	①	（名）	中国	5
ちゅうごくじん	中国人	④	（名）	中国人	7
ちゅうじつ	忠実	⓪	（ナ形）	忠实,忠诚;照原样	8
ちょうしょ	長所	①	（名）	长处,优点	8
ちょうせん	挑戦	⓪	（名・自サ）	挑战	6
ちょうちょう	蝶々	①⓪	（名）	蝴蝶	6
ちょうど	丁度	③⓪	（副）	正好,恰好	7
ちょうるい	鳥類	①	（名）	鸟类	5
ちょっとおききしていいですか	ちょっとお聞きしていいですか		（慣）	向您打听一下,请问	4
ちょっとおちゃでも	ちょっとお茶でも		（慣）	来点儿茶怎么样	1
つい	対	①	（接尾・名）	双,对	6
つうろ	通路	①	（名）	过道,通道	7
つかう	使う	⓪	（他五）	使用,用;花费	3
つかれ	疲れ	③	（名）	疲劳,疲惫	8
つかれる	疲れる	③	（自一）	疲劳,累	8
つぎ	次	②	（名）	下一个,其次	2
つきあい	付き合い	③⓪	（名）	交往,交际	4
つく	吐く	①②	（他五）	说出;呼吸,出气	8
つく	着く	①②	（自五）	到达,抵达;够着	8
つくる	作る	②	（他五）	写;作,造	4
つける	付ける	②	（他一）	装饰;附加;记入	4
つまらない		③	（イ形）	没有意义的;无聊的;不值钱的	7
つらい	辛い	⓪②	（イ形）	痛苦;难过	7
て	手	①	（名）	手,胳膊	1
でき	出来	⓪	（名）	质量;结果;成绩	4
できる	出来る	②	（自一）	做完,做好;能够	4
ですから		①	（接）	因此,所以	4
テスト	test	①	（他サ・名）	考试,测验	5

续表

假名	词汇	声调	词性	释义	所属课
でも			（副助）	（举例提示）要是，譬如，或者是	1
テレビ		①	（名）	（「テレビジョン【television】③」的缩略语）电视机，电视	6
テレビきょく	テレビ局	④	（名）	电视台	8
でんしゃ	電車	⓪①	（名）	城铁	7
ドア	door	①	（名）	门	2
といっても	と言っても	④	（慣）	说起来也……	2
とう	頭		（接尾）	头	5
とうがらし	唐辛子	③	（名）	辣椒	2
どうぐ	道具	③	（名）	工具，用具；手段	6
とうさん	倒産	⓪	（名・自サ）	倒闭，破产	6
どうじに	同時に	④⓪	（慣）	同时	2
どうぞあがってください	どうぞ上がってください		（慣）	请进来，请上来	2
どうぶつ	動物	⓪	（名）	动物	5
どうりょう	同僚	⓪	（名）	同事，同僚	8
とおい	遠い	③⓪	（イ形）	远的；疏远的	8
とかす	溶かす	②	（他五）	溶化，使……溶化	1
とくべつ	特別	⓪	（副・ナ形）	特别	1
とし	年・歳	②	（名）	岁，年龄；年	5
としょしつ	図書室	②	（名）	图书室	2
とじる	閉じる	②	（自他一）	关闭，合；结束	3
とちゅう	途中	⓪	（名）	途中，路上	8
とどめる	留める	③	（他一）	保留，留下；停下	7
どのよう		①③	（慣）	怎样，如何	5
とぶ	飛ぶ	②⓪	（自五）	飞，飞翔；飞溅；飘飞	6
とほうもない	途方もない		（慣）	极度惊人的，出奇的；毫无道理的	3
とも			（接尾）	全，都，均	5
ともだち	友達	⓪	（名）	朋友	2
とり	鳥・鶏	⓪	（名）	鸟；鸡	5
とろろこんぶ	とろろ昆布	④	（名）	（用箆子刷成极薄近的）海带丝	2

假名	词汇	声调	词性	释义	所属课
					续表
		ナ行			
ないよう	内容	⓪	（名）	内容	2
ないよう	内容	⓪	（名）	内容	7
ながさ	長さ	①	（名）	长度，长短	6
なかなか		⓪④	（副）	颇，很；轻易（不）	8
なかまいり	仲間入り	⓪	（名・自サ）	合伙，加入	5
なごり	名残り	③⓪	（名）	残余；影响；惜别	5
なし	梨	②⓪	（名）	梨	8
なし	無し	①	（名）	无，没有	8
なつ	夏	②	（名）	夏天，夏季	4
なっとう	納豆	③	（名）	纳豆	1
なつやすみ	夏休み	③	（名）	暑假	3
なみだ	涙	①	（名）	眼泪，泪	6
なら		①	（接）	（「それなら」的通俗说法）如果那样，那么	8
なる	成る	①	（自五）	变，变成	7
なわ	縄	②	（名）	绳，绳索	5
なんか		①	（副）	总觉得，似乎有点	3
なんで		①	（副）	为什么	3
なんと		①	（副・感）	竟然，多么，何等	3
なんねん	何年	①	（名）	多少年，几年；哪一年	2
なんぷん	何分	①	（名）	几分钟，多少分钟	4
にあう	似合う	②	（自五）	相称，相配，般配	5
ニコニコ		①	（副）	笑嘻嘻（貌），笑眯眯（貌）	5
にちじょう	日常	⓪	（名）	平时，平常	7
にちじょうかいわ	日常会話	⑤	（名）	日常会话	3
にっちゅう	日中	①	（名）	日中，日本和中国	1
にほんご	日本語	⓪	（名）	日语	2
によると	に依ると		（慣）	依照，据说	3
によれば	に依れば		（慣）	依照，据说	3
にる	似る	②⓪	（自一）	相似	7

续表

假名	词汇	声调	词性	释义	所属课
にわとり	鶏	⓪	（名）	鸡	5
にんげん	人間	⓪	（名）	人	6
ぬる	塗る	⓪	（他五）	擦,抹	8
ネタ		⓪	（名）	（「たね【種】①」的倒语）素材	7
ねむたい	眠たい	③⓪	（イ形）	困,困倦的	4
のう	脳	①	（名）	大脑；脑力,智力	7
のうりょく	脳力	①	（名）	脑力	7
ノー	no	①	（名・感・接頭）	不,不是；没有；禁止	7
のぞく	覗く	③⓪	（自他五）	瞧瞧,看一看；窥视	2
のど	喉	①	（名）	喉咙；嗓音	8
のぼる	登る	③⓪	（自五）	登,攀登	1
のむ	飲む	①	（他五）	喝	1
のり	乗り	⓪	（接尾・名）	乘坐；搭乘	8
のる	乗る	②⓪	（自五）	乘坐；骑	2
ハ行						
はぁ		⓪	（感）	感叹词（表示疑问、怀疑、吃惊等）	1
ばあい	場合	⓪	（名）	场合,时候；状况	5
バージョン	version	①⓪	（名）	版本	2
バースデー	birthday	①	（名）	生日	3
はい・ばい・ぱい	杯		（接尾）	杯	5
はえ	蝿	⓪	（名）	苍蝇	5
はこ・ばこ	箱	⓪	（接尾・名）	箱；盒	5
はし	箸	①	（名）	筷子	3
はじめる	始める	④⓪	（他一）	开始	3
ばしょ	場所	⓪	（名）	地点,位置	8
はしる	走る	②	（自五）	行驶；跑,飞奔	8
バス	bus	①	（名）	公共汽车	2
はずかしい	恥ずかしい	④	（イ形）	害羞；不好意思	8
パソコン		⓪	（名）	（「パーソナルコンピューター【personal computer】⑧」的缩略语）个人电脑	4

续表

假名	词汇	声调	词性	释义	所属课
バター	butter	①	(名)	黄油	1
はたけ	畑	⓪	(名)	田地,旱田;专业领域	8
はたち	20歳	①	(名)	二十岁	3
はち	蜂	⓪	(名)	蜂	5
はっそう	発想	⓪	(名・他サ)	主意,想法	7
ばっちり		③	(副)	漂亮地,顺利地	5
はつみみ	初耳	⓪	(名)	初次听到	6
はなし	話	③	(名)	关于……的内容;话语	1
はなす	話す	②	(他五)	说话,讲;告诉	2
はやい	早い	②	(イ形)	早的	3
はやい	速い	②	(イ形)	快的	4
はやく	早く	①	(副・名)	快,快速;早,早就	3
はやし	林	⓪③	(名)	林,树林	1
はるき	春木	①	(固)	(人名)春木	6
はん	半	①	(名)	半	7
パンパン		⓪	(ナ形・副)	肚子鼓起来(的状态);砰砰响	3
ピース	piece	①	(接尾・名)	(小)块;件	6
ひき・びき・ぴき	匹		(接尾)	条,尾,只	4
ひきだし	引き出し	⓪	(名)	抽屉	1
ビジネス	business	①	(名)	商务,生意;工作,实业	6
ビスケット	biscuit	③	(名)	饼干	5
ひだりて	左手	⓪	(名)	左手	4
ひつよう	必要	⓪	(名・ナ形)	必要,必需	5
ひと	人	⓪②	(名)	人;别人	4
ひとつひとつ	一つ一つ	⑤	(副)	一一,逐个地	7
ひとり	一人	②	(名)	一人,一个人	6
ひとりごと	独り言	⓪⑤④	(名)	自言自语	7
ひゃく・びゃく	100・百	②	(名・接尾)	百,一百	6
ひやけどめ	日焼け止め	⓪	(名)	防晒;防晒霜	8
ひらひら		①	(副)	(蝴蝶等在空中)飞舞;飘扬;飘落	6

续表

假名	词汇	声调	词性	释义	所属课
ひろいあげる	拾い上げる	⑤	（他一）	挑出；捡起，拾起	7
ピンチ	pinch	①	（名）	紧急关头；困境，危机局面	6
フェードアウト	fadeout	④	（自サ・名）	淡出，逐渐消失；（电影、电视）渐隐，渐逝	3
ぶか	部下	①	（名）	部下，属下	8
ふかし	蒸かし		（造）	蒸	2
ふきょう	不況	⓪	（名）	（经）不景气，萧条	6
ふく	服	②	（名）	衣服	6
ふくしゅう	復習	⓪	（名・他サ）	复习	4
ふくろ・ぶくろ	袋	⓪	（接尾・名）	袋；口袋	1
ふしぎ	不思議	⓪	（ナ形・名）	不可思议，奇怪	2
ぶたい	舞台	①	（名）	舞台	3
ふたそぢ・ふたそじ	二十路	③	（名）	20岁	5
ぶたにく	豚肉	⓪	（名）	猪肉	2
ふつう	普通	⓪	（副・ナ形・名）	一般；普通，通常	5
ふとん	蒲団	⓪	（名）	被褥，铺盖	6
ふふ		②	（感）	抿嘴笑的声音	3
フライパン	frypan	⓪	（名）	长柄平锅，煎锅	1
プラス	plus	①⓪	（他サ・名）	加号；加上	5
ふるさと	故郷	②	（名）	老家，故乡	1
ぶん	文	①	（名）	句子；文章	4
ふんいき	雰囲気	③	（名）	气氛，氛围	8
ぶんぐ	文具	①	（名）	文具	4
ぶんぽう	文法	⓪	（名）	语法，文法	6
ページ	page	⓪	（名）	页	2
フヘクタール	フhectare	③	（名・接尾）	公顷	6
ブランコ	ポbalanco	①②	（名）	秋千	1
ペキンダック	北京 duck	④	（名）	北京烤鸭	1
へび	蛇	①	（名）	蛇	5
べんきょう	勉強	⓪	（自他サ・名）	学习	2

续表

假名	词汇	声调	词性	释义	所属课
べんきょうほう	勉強法	⓪	（名）	学习方法	3
べんり	便利	①	（ナ形・名）	方便,便利	1
ほあん	保安	⓪	（名）	保安,治安	7
ほう	法	⓪	（名）	方法,做法	3
ぼう	棒	⓪	（名）	棒子,棍子	5
ぼうや	坊や	①	（名）	（对男孩的爱称）小朋友,小男孩儿	8
ボーナス	bonus	①	（名）	奖金；红利	3
ほかん	保管	⓪	（名・他サ）	保管	7
ほしい	欲しい	②	（イ形）	想要；希望得到（通常用「～が欲しいです」的形式,表示说话人或疑问句时听话人想要某种东西的主观愿望）	1
ほっとく		⓪③	（他五）	（由「放って置く」变化而来）置之不理,放下不做	4
ボトル	bottle	①⓪	（接尾・名）	瓶；罐	6
ほとんど		②	（副）	大部分,几乎	3
ほほう		⓪	（感）	啊（感叹之声）	8
ほんだな	本棚	①	（名）	书架	1
ほんの		⓪	（連体）	仅仅,少许,一点点	7
ほんやく	翻訳	⓪	（他サ・名）	翻译	1
マ行					
まあ		①	（副・感）	（劝阻对方时）暂且,先；（表感叹）哎哟	4
まい	枚		（接尾）	张,片,块	5
まかせる	任せる	③	（他一）	托付,委托	7
まがる	曲がる	③⓪	（自五）	转弯	4
まく	幕	②	（名）	幕,帷幕	3
まじめ	真面目	⓪	（ナ形・名）	认真,老实,踏实	2
まず		⓪	（副）	首先；第一	1
まつ	待つ	①	（他五）	等,等待	2
まっすぐ	真っ直ぐ	③	（副・名・ナ形）	一直	4

续表

假名	词汇	声调	词性	释义	所属课
まつり	祭り	⓪	（名）	节日,仪式;祭典	1
マンダリン	mandarin	⓪	（名）	(中)国语,普通话	7
まんねん	万年		（接尾）	万年	3
み	身	⓪	（名）	自身;身体;(鱼)肉	6
みからでたさび	身から出た錆		（慣）	自作自受,咎由自取	6
みぎ	右	⓪	（名）	右,右边	4
みず	水	⓪	（名）	水	5
みち	道	⓪	（名）	路,道路	4
みなさん	皆さん	②	（名・代）	各位,大家	1
みぶりてぶり	身振り手振り	①+①	（名）	比比画画,指手画脚	7
みみうち	耳打ち	⓪③④	（自サ・名）	耳语	7
みみず	蚯蚓	⓪	（名）	蚯蚓	6
みる	見る	①	（他一）	看,瞧;观察	1
むかし	昔	⓪	（名）	很久以前,往昔	5
むこう	向こう	②⓪	（名）	对面(的国度);那边	3
むじゅん	矛盾	⓪	（名・自サ）	矛盾不一致	2
むずかしい	難しい	④⓪	（イ形）	难的,难懂的	6
むちゅう	夢中	⓪	（ナ形・名）	起劲,入迷;梦中	2
むり	無理	①	（ナ形・名・自サ）	难以达到;无理;强行	7
メートル	フmètre	⓪	（名・接尾）	米	6
めがさめる	目が覚める		（慣）	睡醒;醒悟	4
めずらしい	珍しい	④	（イ形）	少有,罕见的;稀奇的	3
めちゃくちゃ	滅茶苦茶・目茶苦茶	⓪	（名・ナ形）	乱七八糟,成套,胡乱	2
めっちゃ		①	（副）	(「めちゃくちゃ」的口语)非常	3
めのどく	目の毒		（慣）	看得见却得不到的好东西,(鼻尖上的肉,看得见)吃不着,眼馋	2
めんせつ	面接	⓪	（名・自サ）	面试	8
めんせつかん	面接官	④	（名）	面试官	8
もういちど	もう一度	⓪	（副）	再次	1

续表

假名	词汇	声调	词性	释义	所属课
もうしあげる	申し上げる	⑤⑥⓪	（他一）	禀报,说,讲	6
もくひょう	目標	⓪	（名）	目标,指标	2
もぐりこむ	潜り込む	④⓪	（自五）	钻入	6
もつ	持つ	①	（他自五）	拿,持;保持	2
もどす	戻す	②	（他五）	放回;归还;使……倒退	1
もどる	戻る	②	（自五）	返回;还原	8
モノローグ	monologue	③	（名）	独白,旁白	1
もらう	貰う	⓪	（他五）	得到,取得;买;要	3
ヤ行					
や	屋		（接尾・名）	店,铺;屋子	3
ヤード	yard	①	（名・接尾）	码	6
やさしい	易しい	⓪③	（イ形）	简单,容易的;易懂的	4
やさしい	優しい	⓪	（イ形）	和蔼,和气;恳切,体贴	8
やはり		②	（副）	毕竟还是;果然;依然,仍然	3
やる		⓪	（他五）	做,干	7
ゆうしゅう	優秀	⓪	（ナ形・名）	优秀,优异	8
ゆうじん	友人	⓪	（名）	朋友,友人	2
ゆうびんきょく	郵便局	③	（名）	邮局	4
ゆうべ	昨夜	⓪③	（名）	昨晚,昨夜	4
ゆき	行き	⓪	（名）	去,往	3
ゆっくり		③	（副・自サ）	慢慢(地);自在(地),舒畅(地)	1
ようい	用意	①	（自他サ・名）	准备	3
よき	良き	①	（連体・名）	（文语形容词「よし」的连体形,作连体词用）好;吉祥	8
よさ	良さ	①	（名）	好处,长处	7
よしゅう	予習	⓪	（名・他サ）	预习	4
よなか	夜中	③	（名）	半夜	4
ユニーク	７unique	②	（ナ形）	奇特的,独特的,新颖的	1
よぶ	呼ぶ	⓪	（他五）	呼唤,呼喊;叫作	4

续表

假名	词汇	声调	词性	释义	所属课
ラ行					
らいねん	来年	⓪	（名）	明年	2
ラッシュ	rush	①	（名）	拥挤；热潮	7
リハーサル	rehearsal	②	（他サ・名）	排练，彩排	3
リットル	フlitre	⓪	（接尾・名）	升	6
りゆう	理由	⓪	（名）	理由	5
りゆうをつける	理由を付ける		（慣）	找借口	5
りょう	寮	①	（名）	宿舍	1
りょうり	料理	①	（名・他サ）	菜肴；做菜，烹饪	2
るい	類		（造）	……类	7
れい	礼	①	（名）	行礼，鞠躬	4
れいぶん	例文	⓪	（名）	例句	4
れきし	歴史	⓪	（名）	历史	3
レンギョ	鰱魚	①	（名）	鲢鱼	2
れんしゅう	練習	⓪	（他サ・名）	练习	3
ワ行					
わ・ば・ぱ	羽		（接尾）	只，头	5
わーい		①	（感）	（「わい」的长音，表示感叹）呀	1
わえい	和英	⓪	（名）	日语和英语，日英	1
わかもの	若者	⓪	（名）	年轻人，青年	6
わくせい	惑星	⓪	（名）	行星	3
わだい	話題	⓪	（名）	话题	7
わたす	渡す	⓪	（他五）	给，交给	2
わふく	和服	⓪	（名）	和服	7
わよう	和洋	⓪①	（名）	日本和西洋；日本风和西洋风	1
わるい	悪い	②	（イ形）	不好，坏的	4
ワン	one	①	（名）	一个；一	1
ワンカップ	one cup	③	（造）	一个杯子	1

补充词汇索引

假名	词汇	声调	词性	释义	所属课
		ア行			
あか	赤	①	(名)	红,红色;分明	2
あさ	朝	①	(名)	早上,早晨	2
あさねぼう	朝寝坊	③	(名・自サ)	(早上)睡懒觉	5
あしもと	足元	④③	(名)	脚下;脚步,步伐	4
あたたかい	暖かい	④	(イ形)	暖和的;温暖的,热情的	6
アニメ	anime	①	(名)	(「アニメーション」的缩略词)动漫,动画片	1
あるく	歩く	②	(自五)	步行,走;经过,生存	1
いく	行く	⓪	(自五)	去;行进;进展	1
いじょう	以上	①	(名・接助)	前面所述,上述;超过	5
いそぐ	急ぐ	②	(自五)	急忙;快走,快步	4
いたい	痛い	②	(ナ形)	疼的;痛苦的	7
いちじかん	一時間	③	(名)	一个小时	3
いなか	田舎	⓪	(名)	农村,乡下;故乡,老家	3
いみ	意味	①	(名)	意思;意图;意义	1
うかぶ	浮かぶ	③⓪	(自五)	想到;漂,浮,飘	6
うみ	海	①	(名)	海;湖	7
うれしい	嬉しい	③	(イ形)	高兴,快乐	2
うんどう	運動	⓪	(名・自サ)	运动	7
えいがかん	映画館	③	(名)	电影院	1
えんげき	演劇	⓪	(名)	戏剧;演剧	5
おおぜい	大勢	③	(名)	很多人	1
おおそうじ	大掃除	③	(名・他サ)	大扫除;肃清	7

续表

假名	词汇	声调	词性	释义	所属课
おおゆき	大雪	⓪	（名）	大雪	6
おきる	起きる	②	（自一）	发生，出事	3
おく	置く	⓪	（他五）	放，置；存放	8
おくれる	遅れる	⓪	（自一）	迟，耽误；落后	2
おこなう	行う	⓪	（他五）	做；实施，执行	4
おしえる	教える	⓪	（他一）	教，教授；教诲	2
おそれる	恐れる	③	（他一）	害怕，惧怕；担心	6
おもしろい	面白い	④	（イ形）	有趣的，有意思的；愉快的，快活的；新奇的，奇妙的	3
およぐ	泳ぐ	②	（自五）	游泳；穿行，穿过	2
おわる	終わる	⓪	（自五）	完，终了，结束；告终	2
おんがく	音楽	①⓪	（名）	音乐	2
おんせん	温泉	⓪	（名）	温泉	8
おんど	温度	①	（名）	温度	2
		カ行			
かいがい	海外	①	（名）	海外，国外	3
かいもの	買い物	⓪	（他サ・名）	买东西；要买的东西	1
かお	顔	⓪	（名）	脸；表情，神情	2
かおり	香り	⓪	（名）	芳香，香气	2
かかる	掛かる	②	（自五）	花费；悬挂；取决于……	5
がけ	崖	⓪	（名）	悬崖；绝壁	1
かける	欠ける	③⓪	（自一）	缺乏；不完整；缺损	7
かさ	傘	①	（名）	伞	2
かたち	形	⓪	（名）	形状，样子；形式	8
かたづく	片付く	③	（自五）	收拾整齐，整顿好；得到解决	8
かちょう	課長	⓪	（名）	科长	3
かつどう	活動	⓪	（名・自サ）	活动；释放能量	5
かなしむ	悲しむ	③	（他五）	感到悲伤，悲痛，悲哀	6

续表

假名	词汇	声调	词性	释义	所属课
かね	金	⓪	（名）	钱	7
かばん	鞄	⓪	（名）	包,提包,皮包	1
かぶき	歌舞伎	⓪	（名）	歌舞伎（日本传统戏剧之一）	8
かよう	通う	⓪	（自五）	上学,通勤;流通	4
からい	辛い	②	（イ形）	辣的;严格的,刻薄的	6
かんがえる	考える	③	（他一）	考虑,斟酌;想	3
かんせい	完成	⓪	（他サ・名）	完成,完工,竣工	3
かんとく	監督	⓪	（名・他サ）	（电影）导演;监督者;教练	5
きおん	気温	⓪	（名）	气温	1
きのう・さくじつ	昨日	②⓪	（名）	昨天;不久前,过去	1
きびしい	厳しい	③	（イ形）	严肃的,严格的;严峻的	8
きゃく	客	⓪	（名）	顾客,主顾;客人	4
きゅう	急	⓪	（ナ形・名）	突然;急,急迫,危急	6
ぎゅうにく	牛肉	⓪	（名）	牛肉	6
きょうかしょ	教科書	③	（名）	教科书,课本	2
きょうげき	京劇	⓪	（名）	京剧	5
きょうと	京都	①	（固）	京都	1
きよみずでら	清水寺	⓪	（固）	清水寺	1
きる	着る	②	（他一）	穿（衣）;承受（恩情、罪责）	1
キロメートル	kilometer	③	（名）	千米	4
きんぎょ	金魚	①	（名）	金鱼;鲤科淡水鱼	5
くうこう	空港	⓪	（名）	机场;空港	4
くだもの	果物	②⓪	（名）	水果	5
ぐらい		⓪	（副助）	（表示大体的数量、程度）大约,左右;（表示比较）像…那样	2
クラスメート	classmate	④	（名）	同学	6
くるま	車	⓪	（名）	车,汽车;轮子,车轮	3
けいご	敬語	⓪	（名）	敬语	6

续表

假名	词汇	声调	词性	释义	所属课
けいたいでんわ	携帯電話	⑤	（名）	手机	1
けさ	今朝	①	（名）	今早，今晨	2
けす	消す	⓪	（他五）	关闭；擦掉；消除	4
けっこん	結婚	⓪	（自サ・名）	结婚	3
けんぶつ	見物	⓪	（名・他サ）	观光，游览，观赏	1
こうじ	工事	①	（名・他サ）	工程，施工	3
こうてい	校庭	⓪	（名）	校园	1
こうどう	行動	⓪	（自サ・名）	行动	6
こうれいしゃ	高齢者	③	（名）	高龄者	4
こえ	声	①	（名）	（人的）声音，嗓音；（动物的）叫声	8
コート	coat	①	（名）	大衣，风衣，外套	1
こくど	国土	①	（名）	国土，领土	6
こくばん	黒板	⓪	（名）	黑板	7
こたえ	答え	②	（名）	答案（解答）；回话	1
ことり	小鳥	⓪	（名）	小鸟	6
ごはん	ご飯	①	（名）	饭	2
ごみ	塵・芥	②	（名）	垃圾；砂土，尘土	8
こむ	込む	①	（自五）	拥挤；错综复杂	5
ころ	頃	①	（名）	时候，时期，季节	3
ころぶ	転ぶ	③⓪	（自五）	跌倒；滚转	7
こんばん	今晩	①	（名）	今晚，今夜	4
コンビニ		⓪	（名）	「コンビニエンスストア【convenience store】⑨」的缩略语）便利店，24小时店	3
			サ行		
さい	際	①	（名）	时候；机会	4
さいきん	最近	⓪	（名）	最近，近来；最靠近	2
さいふ	財布	⓪	（名）	钱包	3
さがす	探す	⓪	（他五）	寻找；搜寻	1

续表

假名	词汇	声调	词性	释义	所属课
さがる	下がる	②	（自五）	下降；悬垂；降价	1
さく	咲く	⓪	（自五）	（花）开	8
さくひん	作品	⓪	（名）	作品，创作	5
ささやか		②	（ナ形）	微小的，细小的；规模小的	2
さむい	寒い	②	（イ形）	寒冷；胆怯的	7
さんかくけい	三角形	③	（名）	三角形	8
ざんぎょう	残業	⓪	（自サ·名）	加班	4
さんぽ	散歩	⓪	（自サ·名）	散步	2
じ	字	①	（名）	文字，汉字	7
しけん	試験	②	（名·他サ）	考试，检测；试验	1
じけん	事件	①	（名）	事件，社会话题事件；案件	7
しずか	静か	①	（ナ形）	安静的；平静的	1
しせん	四川	⓪	（固）	四川（中国地名）	5
じそく	時速	①⓪	（名）	时速	4
したてや	仕立て屋	⓪	（名）	裁缝店；服装店	7
じっけん	実験	⓪	（名·他サ）	实验，试验；经验	7
じてんしゃ	自転車	②⓪	（名）	自行车，脚踏车	1
しぬ	死ぬ	②⓪	（自五）	死；没生气	6
しばらく	暫く	②	（副）	不久，一会儿；许久，好久	8
じぶん	自分	⓪	（名）	自己	6
じもと	地元	⓪③	（名）	当地；本地	5
しゅうかつ	就活	⓪	（名）	(「就職活動」的简称)大学生为了就业而进行的准备工作	5
しゅうしょく	就職	⓪	（名）	就职，找工作	5
じゅぎょうちゅう	授業中	⓪	（慣）	上课的时候，上课期间	3
しゅくじつ	祝日	⓪	（名）	（国家规定的）节日	4
しゅくだい	宿題	⓪	（名）	课外作业；老问题，悬而未决的问题	1

续表

假名	词汇	声调	词性	释义	所属课
しゅじん	主人	①	（名）	丈夫；家长；店主人	1
しゅみ	趣味	①	（名）	兴趣，爱好；（业余）爱好	7
しょうせつ	小説	⓪	（名）	小说	3
しょくじ	食事	⓪	（名・自サ）	饭，食物；吃饭	3
じょし	女子	①	（名）	女性，女子；女儿，姑娘	7
しょり	処理	①	（他サ・名）	处理；处置	4
しょるい	書類	⓪	（名）	文件，文书	8
しんがた	新型	⓪	（名）	新型，新	1
しんかんせん	新幹線	③	（名）	（铁路的）新干线	4
しんじる	信じる	⓪③	（他一）	相信；信任，信赖	8
しんせいかつ	新生活	③	（名）	新生活	3
しんそう	真相	⓪	（名）	真相	7
しんちょう	身長	⓪	（名）	身高	6
しんぱい	心配	⓪	（自他サ・名・ナ形）	担心，挂念；费心	4
しんぶん	新聞	⓪	（名）	报纸	2
すいか	西瓜	⓪	（名）	西瓜	7
すうがく	数学	⓪	（名）	数学	4
すうねん	数年	⓪	（名）	数年，几年	4
スーパー	super	①	（名）	（「スーパーマーケット【supermarket】⑤」的缩略语）超市	2
スキー	ski	②	（名）	滑雪	7
すし	寿司	②①	（名）	寿司	2
ずっと		③⓪	（副）	一直，永远；很久，远远，……得多，更	3
すてる	捨てる	⓪	（他一）	抛弃，扔掉；摒弃	8
すばらしい	素晴らしい	④	（イ形）	宏伟；极美，绝佳	6
せいかい	正解	⓪	（名・他サ）	正解；正确的解答	2
せいせき	成績	⓪	（名）	成绩；成果	2

续表

假名	词汇	声调	词性	释义	所属课
せんげつ	先月	①	（名）	上月,上个月	2
せんこう	専攻	⓪	（他サ・名）	专攻,专门研究	4
せんしゅ	選手	①	（名）	选手,参加比赛的人	1
ぜんぶ	全部	①	（副・名）	全部,全体,全都	4
ぞうか	増加	⓪	（自他サ・名）	增多;增加	4
そうじ	掃除	⓪	（名・他サ）	扫除,清除	4
そうだん	相談	⓪	（他サ・名）	商量,商谈,磋商	6
そつぎょう	卒業	⓪	（他サ・名）	毕业;体验过	2
そっくり		③	（副・ナ形）	完全;一模一样	7
そと	外	①	（名）	外面,表面;外部	5
そば	蕎麦	①	（名）	荞麦面条	4
タ行					
だいがくいん	大学院	④	（名）	（大学)研究生院	3
たいふう	台風	③	（名）	台风	3
たいへん	大変	⓪	（ナ形・名・副）	非常困难的;严重的;大事件;非常,相当	1
タオル	towel	①	（名）	毛巾	6
だす	出す	①	（他五）	交,提出;拿出,取出	2
ただしい	正しい	③	（イ形）	正确的;真实的;适当的	5
たつ	立つ	①	（自五）	站,立;冒	6
たてもの	建物	②③	（名）	建筑物,房屋	8
たべもの	食べ物	③②	（名）	食物	2
だんだん	段々	⓪	（副・名）	逐渐,渐渐;台阶,楼梯	8
たんぶん	短文	⓪	（名）	短文,短句	1
だんぼう	暖房	⓪	（名・他サ）	室内供暖(设备);供暖	2
チェック	check	①	（他サ・名）	检查,支票;方格花纹	1
ちこく	遅刻	⓪	（自サ・名）	迟到	8
ちゅうごくご	中国語	⓪	（名）	汉语	2

续表

假名	词汇	声调	词性	释义	所属课
ちゅうしん	中心	⓪	（名）	中心,核心;中央	6
ちょうせつ	調節	⓪	（他サ・名）	调节	2
つかう	使う	③⓪	（他五）	使用;玩弄;花费	2
つかれる	疲れる	③	（自一）	疲劳;用旧	4
つく	着く	①	（自五）	到达,抵达;够着	3
つとめる	勤める・務める	③	（他一）	工作,任职;担任,担当	8
てづくり	手作り	②	（名）	亲手做,自制（的东西）;手织布	4
てんいん	店員	⓪	（名）	店员	4
でんき	電気	①	（名）	电灯;电,电力	4
てんきよほう	天気予報	④	（名）	天气预报	3
でんしゃ	電車	⓪	（名）	城铁	1
でんとう	伝統	⓪	（名）	传统	5
とうきょう	東京	⓪	（固）	东京（日本的首都）	4
とうじつ	当日	⓪	（名）	当天	7
とおい	遠い	③⓪	（イ形）	远的;时间间隔长;疏远的	7
とおり	通り	③	（名）	通行,来往;大街	4
ときどき	時々	②⓪	（副・名）	有时,偶尔;一时一时	5
とこや	床屋	⓪	（名）	（男子）理发店;理发师	5
となり	隣	⓪	（名）	旁边;邻居	1
とる	撮る	①	（他五）	照相,摄影	2
とる	撮る	①	（他五）	拍摄,照相	7
ドレス	dress	①	（名）	连衣裙;女装	1
どんなに		①	（副）	如何,怎样,多么	6
ナ行					
なくす	無くす	⓪	（他五）	丢失;除掉,消灭	8
なまえ	名前	⓪	（名）	名字,姓名;名义	1
なやむ	悩む	②	（自五）	（精神的）忧虑,苦恼;（肉体的)痛苦	8

假名	词汇	声调	词性	释义	所属课
なんど	何度	①	(名)	几次,屡次,再三	6
にもつ	荷物	①	(名)	行李;货物;负担	6
にわ	庭	⓪	(名)	院子,庭院;(农家)场院	2
にんき	人気	⓪	(名)	人缘,声望;风气风俗	5
ネクタイ	necktie	①	(名)	领带	6
ねだん	値段	⓪	(名)	价格,价钱	5
のみもの	飲み物	③②	(名)	饮料	2
のりかえ	乗り換え	⓪	(名)	换车,倒车	4
		ハ行			
ばあい	場合	⓪	(名)	场合,时候;情况	4
パーティー	party	①	(名)	聚会,派对;小队,小组	3
はいる	入る	①	(自五)	进,进入;含有,混有,搀有;参加,加入	3
はく	穿く	②⓪	(他五)	穿(下半身衣服、鞋、袜等)	6
はじまる	始まる	⓪	(自五)	开始;起因,引起	2
はじめて	初めて	②	(副)	第一次,头一回	3
ばしょ	場所	⓪	(名)	地方,场所,位置;座位	1
はしる	走る	②	(自五)	跑;逃走,逃跑	4
パスポート	passport	③	(名)	护照	8
バッグ	bag	①	(名)	包,袋	1
はなたば	花束	②③	(名)	花束	5
パン	pan	①	(名)	面包	2
ばんぐみ	番組	⓪	(名)	节目;节目表	4
はんじかん	半時間	③	(名)	半个小时	4
ばんりのちょうじょう	万里の長城	①-⓪	(固)	万里长城	6
ひっこし	引っ越し	⓪	(名・自サ)	搬家;搬迁	4
ひっしゃ	筆者	①	(名)	作者;书写者	5
ビデオ	video	①	(名)	录像,录像带	7

续表

假名	词汇	声调	词性	释义	所属课
ひとり	一人	②	（名）	一个人	4
ひとりぐらし	一人暮らし	④	（名）	一个人生活，独身生活	6
ひとりでに	独りでに	⑤⓪	（副）	自动地，自然（而然）	6
ひみつ	秘密	⓪	（名・ナ形）	秘密，机密	3
ひやけ	日焼け	⓪	（名・自サ）	日晒，晒黑；干涸	7
びょういん	病院	⓪	（名）	医院	7
ひらく	開く	②	（自他五）	打开；开放；举办	6
ふちゅうい	不注意	②	（ナ形）	不注意的，粗心大意的	7
ふとる	太る・肥る	②	（自五）	胖，肥胖；增多	8
ぶぶん	部分	①	（名）	（一）部分	3
ふゆやすみ	冬休み	③	（名）	寒假	7
ぶんかかん	文化館	③	（名）	文化馆	4
ぶんしょう	文章	①	（名）	文章	4
へいほう	平方	⓪	（接尾・名）	（面积单位）平方；（数学）平方	6
ペキン	北京	①	（固）	北京	1
へや	部屋	②	（名）	房间，屋子	1
へんじ	返事	⓪	（名・自サ）	答应，回答；回信	4
ぼしゅう	募集	⓪	（他サ・名）	募集，征募，招募	3
ほっかいどう	北海道	③	（固）	（日本地名）北海道	7
ホテル	hotel	①	（名）	酒店，宾馆，旅馆	3
ほる	掘る	①	（他五）	挖出，；凿，刨	6
ほんとう	本当	⓪	（名・ナ形）	真的，确实；本来	1
ほんやく	翻訳	⓪	（名・他サ）	翻译	1
マ行					
まいあさ	毎朝	①⓪	（名）	每天早上	1
まいにち	毎日	①	（名）	每天，每日，天天	3

续表

假名	词汇	声调	词性	释义	所属课
まいばん	毎晩	①⓪	（名）	每天晚上	6
まち	町	②	（名）	城市；街道	5
まど	窓	①	（名）	窗户	2
まなぶ	学ぶ	⓪③	（他五）	学习；体验	2
まにあう	間に合う	③	（自五）	（时间）赶得上，来得及；有用	8
まよう	迷う	②	（自五）	犹豫不决，迷失方向	5
みえる	見える	②	（自一）	看得见；看起来是	7
みがく	磨く	⓪	（他五）	刷净，擦亮	2
みつかる	見付かる	④⓪	（自五）	被发现，能发现	7
みな	皆	②⓪	（名・副・代）	全部，大家；毫不保留	7
みんな	皆	③	（代・副）	全体，大家，全部，全都	3
むかえる	迎える	⓪	（他一）	接，迎接；聘请	4
むかんしん	無関心	②	（名・ナ形）	不关心，不感兴趣	2
むずかしい	難しい	④⓪	（イ形）	难的，困难的	4
むすこ	息子	⓪	（名）	儿子；男孩儿	6
むすめ	娘	③	（名）	女儿；姑娘，少女	1
むりょう	無料	⓪①	（名）	免费，不要钱；不要报酬	2
めんせき	面積	①	（名）	面积	6
もじ	文字	①	（名・接尾）	文字；词语	7
ものがたり	物語	③	（名）	故事；传说	1
もんだい	問題	⓪	（名）	问题；试题	4
ヤ行					
やきにく	焼き肉	⓪	（名）	烤肉	1
やくす	訳す	②	（他五）	翻译；解释	4
やさい	野菜	⓪	（名）	蔬菜，青菜	8

续表

假名	词汇	声调	词性	释义	所属课
やま	山	②	(名)	山;堆、堆积(如山)	5
やまもも	山桃	⓪②	(名)	杨梅	5
やめる	止める	③⓪	(他一)	(习惯等)忌;停止,作罢	6
ゆうえんち	遊園地	③	(名)	游乐场(园)	1
ゆく	行く	⓪	(自五)	去;行进;进展	1
ゆき	雪	⓪	(名)	雪;雪白;白发	5
よわい	弱い	②	(ナ形)	软弱的,脆弱的	7
ラ行					
らいげつ	来月	①	(名)	下个月,下月	3
ラッシュアワー	rush hour	④	(名)	(交通)高峰时间;拥挤时间	7
りゅうがく	留学	⓪	(自サ・名)	留学	6
りゅうがくせい	留学生	③	(名)	留学生	1
りょうしん	両親	①	(名)	父母,双亲	3
りょうり	料理	①	(名・他サ)	菜肴;烹调;处理	1
りょこう	旅行	⓪	(名・自サ)	旅行,旅游	3
レストラン	restaurant	①	(名)	餐厅,西餐厅(馆)	3
れっしゃ	列車	⓪	(名)	列车	6
レモン	lemon	①⓪	(名)	柠檬	1
れんらく	連絡	⓪	(自サ・名)	联系,通信	6
ろうどく	朗読	⓪	(他サ・名)	朗读,朗诵	6
ワ行					
わすれる	忘れる	⓪	(他一)	忘记;遗失;疏忽	1